나도 내 마음을 모를 때,
불교심리학

나도 내 마음을 모를 때,
불교심리학

생각과 감정에 더 이상 속지 않는
보만 스님의 마음 사용법

보만 지음

불광출판사

『보왕삼매론』에서는 이렇게 말합니다.

"세상살이에 어려움이 없길 바라지 말라."

좋은 일만 생기면 교만해지고,

슬픈 일만 생기면 절망하기 때문입니다.

기쁨도, 슬픔도, 결국은 다 지나갑니다.

그리고 지나가는 모든 것 위에서 항상 바라보기만 하는

여러분의 정신은 언제나 그 자리에 있습니다.

서문

할머니께서는 여름철만 되면 저의 어린 시절을 이렇게 회상하곤 하셨습니다.

"저 녀석은 물가에 풀어 놓으면 하루 종일 밥도 안 먹었어!"

저는 물놀이를 무척 좋아했습니다. 깊은 물에 뛰어들었을 때의 청량함과 수중의 먹먹함이 오히려 포근했습니다. 어떤 모습이든 저의 전부를 마냥 받아 주는 듯한 물속이 참 편안했지요. 그런데 지금에서 생각해 보니, 어린 제가 깊은 물을 두려워하지 않았던 건 동네 형들이 알려 준 하찮지만 유용했던 개헤엄 덕분이었습니다.

가끔 수영을 배우지 못한 분들이 용감하게 물에 뛰어들곤 합니다. 수영도 못하면서 왜 들어갔느냐고 물었더니 이렇게 대답합니다.

"옆 사람도 뛰어 들어갔으니까요."

하지만 머지 않아 발이 닿지 않는 깊은 물 속에서 곧 외로운 사투가 시작됩니다. 몇 번을 잠겼다 떠오르길 반복하다 보면 문득 이런 깨달음이 찾아옵니다.

'아, 이러다 정말 죽겠구나.'

팔다리에 힘이 빠지고, 물 밖으로 머리를 내미는 것조차 버거워집니다. 코로 물이 들어오고, 숨조차 쉬기 어렵습니다. 손을 잡아 줄 사람도 보이지 않습니다. 남의 일로만 여겼던 죽음이 눈앞에 다가온 듯 느껴지는 순간, 그제야 묻습니다.

"스님, 수영은 어떻게 하는 거예요?"

물에는 반드시 수영을 배우고 뛰어들어야 합니다. 수영을 배운 사람에게 물은 놀이가 되지만, 배우지 못한 사람에게는 공포가 될 수도 있습니다. 같은 물인데 이렇게 다르다니, 참 이상한 일입니다.

다시 말씀드리지만 수영은 물에 들어가기 전에 배워야 합니다. 하지만 우리는 세상이라는 바다에 뛰어들기 전에 수영을 배운 적이 없습니다. 어떻게 해야 물에 뜨고, 앞으로 나아가는지, 어떻게 해야 물속에서 즐겁게 헤엄칠 수 있는지, 다리에 쥐가 났을 때의 대처 방법조차 배우지 못한 채, 옆 사람을 흉내내며 덜컥 뛰어듭니다.

물에 빠진 사람에게 말했습니다.

"일단 온몸에 힘을 빼세요."

힘을 빼야 물에 뜨고, 물에 떠야 숨이라도 쉴 수 있습니다. 아직은 어디가 뭍인지, 어떻게 앞으로 나아가야 하는지를 물을 때가 아닙니다. 하지만 그는 제게 날카로운 말투로 대답합니다.

"스님, 제가 한 달에 내야 할 이자가 얼만데 힘을 빼겠습니까. 회사에서 제 상황이 어떤데 힘을 빼겠어요. 고3인 아들 성적이 이 모양인데 도대체 어떻게 힘을 빼냐고요!"

그러고 나서 덧붙입니다.

"스님은 직장도, 가족도 없이 산속 절에서 편하게 사시니 세상 물정을 잘 모르시는 것 같네요. 힘을 빼라니, 팔자 편한 소리 좀 하지 마세요."

제가 세상 물정에 얼마나 어두운지, 제 팔자가 어느 정도 편한지는 잘 모르겠습니다만, 일단 물 밖으로 머리는 내밀어야 숨을 쉬지 않을까요.

맞습니다. 정말 힘들고 고통스럽고 두려운 그 마음, 제가 모두 이해할 수 없을 만큼인지도 모릅니다. 그러나 괴로운 상황을 직면한 후에야 수영법을 묻는 건 참으로 안타까운 일입니다. 물속에 들어가기 전에 미리 배웠다면 얼마나 좋았을까요. 이제라도 묻는 것은 다행이지만, 이미 물에 빠진 상황에서 수영을 배우는 일은 매우 큰 용기와 결단이 필요합니다. 힘을 줘도 모자랄 것 같은데, 오히려 힘을 빼라니…. 그대로 실천하기란 정말 쉽지 않은 일이지요.

그럼에도 불구하고, 안 할 수는 없습니다.

더는 버틸 수 없을 만큼 외롭고, 고통스럽습니다. 내 마음을 오염시킨 분노와 자괴감에 짓눌려 숨을 쉴 수가 없습니다. 이렇게 쓸쓸한 세상에 나는 왜 태어났는지, 왜 살아가는지, 그리고 어디로 가야 하는지도 알 수 없어 막막합니다. 세상을 알지 못하고, 세상을 살아가는 '나'도 알지 못한 채, 그저 남들을 따라 미지의 세계로 뛰어들어 외로운 싸움을 이어가는 것, 바로 우리 삶이 아닐까요? 혹시 이 책을 읽는 여러분도 삶의 목적을 '친구보다 높은 연봉' 또는 '1205호보다 비싼 자동차'에 두고 있지는 않으신가요? 우리는 그저 옆집보다 조금 더 나은 삶을 살기 위해 태어난 걸까요?

당신은 정말 유쾌하고 멋진 사람입니다. 모두가 다급하고 심각해졌을 때, 여유 있는 미소를 지을 줄 아는 사람입니다. 고맙다고, 사랑한다고 다정하게 말하며, 심지어는 매력적인 윙크까지 할 줄 아는 사람입니다. 그런데 그 많은 능력은 다 어디로 갔을까요? 언제부터 하루 한 번도 크게 소리 내어 웃지 못하는 사람이 되었을까요? 고장 난 수레가 삐걱거리며 굴러가듯, 이처럼 고단한 삶이 되어버린 건 도대체 언제부터였을까요?

우리에게는 수영을 알려 준 사람이 없었습니다. '일단 물에 들어가면 다 배우게 된다.'라는 무책임한 말만 믿고, 세상으로 뛰어들어 취업하고, 경쟁하고, 사랑하고, 결혼까지 해서 아이를 낳았습니다. 그리고 가정을 유지하기 위해 때론 돈을 빌리고 투자를 하며 매일 최선을 다해 노력했습니다. 그러나 참으로 외롭습니다. 이 초라하고 치열한 삶의 나선에서 언제쯤 벗어날 수 있을지 알 수 없고, 끝이 보이지 않아 숨조차 막힙니다. 그래서 묻습니다.
"스님, 어떻게 살아야 할까요."

출가하여 불가에 몸담은 제가 속세의 삶에 대해 말하는 것이 주제넘은 일일지도 모르겠습니다. 그러나 취업, 사랑, 결혼, 출산, 대출과 노년이라는 깊은 물에 빠지기 전에 저에게 수영을 가르쳐준 곳은 놀랍게도 다름 아닌 절[寺]이었습니다. 무엇이 진짜 '나'이고, 무엇이 거짓의 '나'인지, 생각과 감정이라는 것은 어떻게 생겨나는지, 그리고 어떤 것이 진정한 자유와 행복인지, 그 모든 가르침과 해답이 불교에 있었습니다. 제게 불경은 단순히 목탁을 치고 외우는 것만으로 소원을 들어주는 주문이 아니었습니다. 그곳에는 세상이라는 바다에 뛰어든 우리가 반드시 익혀야 할 수영법이자 생존법이 담겨 있었습니다.

저는 이생에 다시는 얻기 힘든 큰 행운으로, 스승님과 지혜로운 어른들을 만났습니다. 불교에서는 모든 게 인연법(因緣法)이고 자업자득(自業自得)이라 하지만, 저는 운명과 행운이라는 어리석은 단어를 빌려서라도 그 이상의 감동을 표현하고 싶습니다.

작고 초라한 제 그릇에도 보석이 담기니, 그 그릇의 이름이 보석함이 되었습니다. 자신이 누구인지도 모르면서, 제 잘난 맛에 살아온 '보만'이라는 그릇이 이렇게 행복을 누릴 수 있었던 것은 2,600

년 된 보석, 불교의 가르침 덕분이었습니다.

저는 이 비밀스럽고 위대한 가르침에 감히 〈불교심리학〉이라는 명칭을 새롭게 달았습니다. 기존의 불교를 싸고 있던 오래된 포장지를 벗기고, 불교를 잘 알지 못하는 사람도 쉽게 맛볼 수 있도록 오늘의 언어로 표현하고 싶었습니다. 비록 제가 입을 떼고, 손을 대는 순간 본래의 맛과 향기가 옅어질 수도 있지만, '먹지 않는 것만 할까?' 하는 믿음으로 용기를 냈습니다. 그리고 그것이 저를 이끌어주신 스승님들의 은덕에 대한 작은 보답이라 생각합니다.

어쭙잖은 언변으로, 얕은 지식과 탁한 지혜로 더듬대며 이어 간 부끄러운 글이지만, 부디 초라한 그릇보다는 그 안에 담긴 보석을 발견해 주시길 두 손 모아 기도합니다.

끝으로, 노심초사 언제나 저를 위해 가르침을 내려 주시는 사랑하는 은사 스님이신 불영 자광 큰스님과 마음의 얼굴을 닦아 주고, 보듬어 주신 이각 큰스님, 그리고 순서도 없이 던져 놓은 원고에 숨을 불어넣어 주신 화현 스님과 불광출판사 이란희 편집자님께 두 손 모아 인사드립니다. 감사합니다.

2025년 11월 늦가을에
보만 무여 두 손 모음.

차례

서문   6

1장. [제품 소개] **마음을 잘 쓰고 싶은 당신에게**   20
분해해 본 자만이 아는 비밀

1. 내 마음 사용 설명서   24
여전히 마음은 소음 발생 중 ｜ 내 마음에도 사용 설명서가 있다면

2. 말로 풀수록 꼬여 버리는 '마음'   26
불교, 마음의 해부학 ｜ 하나의 말, 두 가지 의미

3. 마음을 알면 삶이 달라진다   29
심리학과 〈불교심리학〉, 무엇이 다른가 ｜ 멋진 나 vs 없는 나 vs 아는 나 ｜ 제 눈의 안경 ｜ 왜 불행의 연속인가? ｜ 그의 표정에서 인생이 보이는 이유

2장. [부품 명칭과 구조] **'나'라고 여겼던 몸과 마음**   38
거울 속의 나? 기분 속의 나? 생각 속의 나?

1. 몸: '나' 아닌 것들의 집합   42
어제는 된장찌개, 오늘은 내 몸 ｜ 내 몸에는 내가 없었다

2. 마음: 기억의 그릇   45
마음은 텅 빈 그릇

3. 무자성: 고정된 '나'는 없다   46
불의 출처: 쑥일까, 햇빛일까, 거울일까? | 사라져도 흔들리지 않는 이유

4. 생각과 정신: 진짜 '나'는 보는 자리에 있다   50
진아, 참나, 정신 | 삶의 중심축이 바뀌는 전환점

3장. 🗑 [작동 매뉴얼①] 마음은 기억과 견해의 순환   54
코끼리를 봤나요? 칠판을 봤나요?

1. 생각이 일어나는 구조   59
어디서 왔는지 알 수 없는 '생각' | 생각에도 엄마, 아빠가 있었다 | 깜빡이 없이 끼어드는 생각 | 생각은 그림자 같은 것 | 지나간 걱정, 또 꺼내 먹는 버릇 | 변치 않는 정신 위에 별별 생각

2. 기억이 만든 마음을 '나'라고 착각한다   73
기억은 쓰레기통이다 | 기억 속 유령과 함께 사는 우리 | 이름 지을 수 없는 '나'

3. 지나간 기억의 지배를 받는 견해   79
내 귀에 '욕' 내뱉기 | 기억의 필터를 걷어 내는 방법

4. 정신은 모든 것을 비추고, 세상과 나는 둘이 아니다   84
내가 없으면 세상도 없다 | 일어남과 사라짐을 보는 자 | 천천히 그러나 반드시 바뀐다 | 변하니까 자유롭다

4장. [작동 매뉴얼②] 생각은 흐르니 그냥 내버려두세요   94
생각은 어디에서 나왔나

1. 내 생각은 머물지 않는다   99
생각 이전의 자리, 무념(無念) ǀ '내 생각을 존중해 줘!' ǀ '원숭이를 생각하지 마!'의 법칙

2. 생각에 끌려가지 않는 방법   104
본래 자리를 훔치는 생각 ǀ 느껴진다고 있는 것은 아니다 ǀ 진리는 무념(無念), 삶은 인과(因果) ǀ 약아빠진 수행자

3. 한 차원 더 높게 생각 다루기   113
수행의 시작, 엎드리는 마음 ǀ 생각과 붕어빵 ǀ 무념은 움직인 적이 없다

5장. [사용 시 주의 사항①] 의미 때문에 마음이 자꾸 다쳐요   120
행복과 고통을 만들어 내는 의미

1. 의미는 내가 만든다   124
근기(根器), 각자의 감정이 다른 이유 ǀ 의미: 덧붙이기의 연속 ǀ 기억에서 탄생한 의미 ǀ 의미를 알아차리는 감각, 의근

2. 있는 그대로를 본다는 것   131
실감 나게 느껴진다는 말의 원리 ǀ 의미를 빼는 연습

3. 의미라는 마법과 연습   135
칭찬이 될 수도, 죄목이 될 수도 있다 ǀ 귀에는 소리만 들린다 ǀ 아무도 모르는 나만의 수행 ǀ 두 장의 같은 그림

4. 의미, 그 위대함과 조심스러움에 대하여 　　　140
공덕과 복덕 ｜ 공덕의 이름, 보살 ｜ 같은 사건 다른 의미 ｜ 의미 빼기와 의미 더하기

6장. [사용 시 주의 사항②] 마음을 요동치게 만드는 '화' 　　　150
알지 못하는 것에 두려움을 느낀다

1. 마음을 멍들게 하는 세 가지 독 　　　155
탐(貪), 나를 초라하게 만드는 욕심 ｜ 진(瞋), 내가 세운 기준이 만든 화 ｜ 치(痴), 인과를 모르는 상태

2. 화의 정체를 보다 　　　159
화의 네 가지 얼굴 ｜ 화는 어디서 왔을까?

3. 화는 반드시 사라진다 　　　163
가만히 두면 사라진다 ｜ 솔직하게 이야기해 보기 ｜ 화를 낸 '나'를 상상해 보기 ｜ 지혜롭게 화내기

7장. [고장 진단법] 문제는 밖이 아니라 내 안에 있었다 　　　170
마음이 고장 났을 때 먼저 살펴봐야 할 것

1. 견해를 다시 바라봐라 　　　175
변화의 시작점 ｜ 기억의 안경

2. 어디에서 시작해야 하는가 　　　177
병 안에는 새가 없다 ｜ 고민을 지우는 네 가지 질문 ｜ 복이 될까 흉이 될까

3. 보는 자에 따라 달라지는 세계   182
내 세상은 내 눈에만 | 기억의 안경을 벗고 | 말이 남긴 그림자

8장. [고급 사용법] 사라지는 것을 붙잡지 않는 지혜   188
세상에서 가장 편안한 법칙

1. 무상법과 변화   192
무상(無常), 허(虛)와 망(妄) | 마음은 원래 그렇다

2. 그림자를 '나'로 삼았다   196
마음이 날뛰게 되는 원리 | 마음은 '나'가 아니다. 다만 바라볼 뿐

3. 무념, 마음의 본래 자리를 기억하다   200
수행의 3단계

9장. [복원 모드] 숨은 엔진, 당신의 모든 것을 지켜보는 '정신'   204
'모름'을 아는 건 행복한 일

1. 세상은 나의 일부다   208
몸은 하나, 머리는 둘. 공명지조(共命之鳥) | 둘인데 하나인 법칙

2. 깨닫는 능력으로 나타나는 것들   213
나와 함께 태어나는 세상 | 내 안의 우주

3. 오래된 '나'에서 벗어나기   216
가장 오래된 법칙 | 깨달음은 늘 함께한다

4. 정신에 대한 자각   222

기억의 능력 ｜ 진짜 '나'를 찾는 원리

5. 지혜로운 삶   225

공부한 내[我相]가 생겨나는 법칙 ｜ 지혜란 무엇인가 ｜ 제자리에서 끝없이 깨닫기만 하는 존재

10장. 💬 **[A/S] 보만 스님의 애프터 서비스**   230

너무 애쓰지 말아요 ｜ 스님도 사랑을 하시나요? ｜ 지나간 것은 지나간 대로 ｜ 때로는 '지혜로운 방관자'처럼 ｜ 진지하면 속은 거예요! ｜ '반팅' 하다가 들킨 덕에 알게 된 사랑의 비밀 ｜ 제 세상을 아름답게 만들어 주신 분들, 감사합니다!

[부록] 내 마음 관찰 노트   266

〈불교심리학〉에서는
'견해와 기억'의 구조로 마음을 해석합니다.
견해는 매 찰나 쌓여 기억을 바꾸고,
이 기억들이 다음 견해를 만듭니다.
따라서 아름다운 견해를 가지려면 아름다운 기억이 저장되어야 하겠지요.

아름다운 의미를 담으면 여러분의 세계도 아름다워지고,
추한 의미를 담으면 삶은 거칠고 힘들어집니다.
선택은 자신의 몫입니다.
눈, 귀, 코, 입, 몸은 모두에게 평등하지만,
어떻게 의미를 담고 덜어 낼지는 오직 여러분의 선택입니다.

1
[제품 소개]

마음을 잘 쓰고 싶은 당신에게

그동안 우리는 '난 원래 이런 놈이야.' 하며 자신을 규정지으며 살아왔던 탓에, 그 안에 내가 너무 많아 누구도 들어올 틈이 없었습니다. 그러나 본래의 마음을 발견하면 수많은 이들을 품어 낼 수 있는 여유가 생깁니다. 가시 돋친 사람들마저도 품게 되면서 우리 마음은 더 따뜻하고 아름다워질 거예요. 저는 이 공부를 통해 겪게 될 여러분들의 변화를 믿습니다.

분해해 본 자만이 아는 비밀

몇 년 전, 자동차에서 자꾸만 소음이 들려 정비소를 찾아간 적이 있었습니다. 공식 서비스 센터를 여러 번 방문했지만 원인을 찾지 못해 참 답답했어요. 포기해야 하나 고민하던 차에, 혹시나 하는 마음으로 근처 동네 정비소에 들렀습니다. 30대 후반의 젊은 정비공이 자동차를 점검했는데, 그는 엔진음을 가만히 듣더니 분명한 어조로 말했습니다. "아, 네. 알겠어요. 여기가 문제네요, 스님." 저는 미덥지 않은 마음에 물었습니다. "어떻게 소리를 듣기만 했는데도 바로 아세요?" 정비공은 웃으며 대답했습니다. "에이, 스님. 저는 다 분해해 봤잖아요."

소음만 듣고도 어디가 문제인지 알 수 있다는 건 구조를 명확히 파악하고 있다는 뜻, 다시 말해 '분해하고 조립해 본 전문가'라는 말입니다. 저처럼 자동차를 분해해 본 적 없는 사람은 보이지 않는 내부의 구조를 알지 못하니, 어떤 소음이 들려도 원인을 찾아내기 어렵습니다. 수리가 힘든 이유는 기술이 부족하기보다, 분해 작업과 구조에 대한 이해가 없었기 때문이었습니다.

1. 내 마음 사용 설명서

여전히 마음은 소음 발생 중

우리 마음에도 늘 소음이 납니다. 아침 출근길에 이유 없는 짜증으로 모든 사람이 밉다가도, 친구에게 걸려 온 전화 한 통에 잠시 후련해지기도 합니다. 하지만 전화를 끊기 직전, 친구가 별 뜻 없이 던진 농담에 자존심이 상하면 금세 마음이 불편해지지요.

이렇듯 마음에서 '화'라는 소음이 들리기도 하고, '우울함'이라는 소음이 생기기도 합니다. '원망'과 '미움'도 흔한 소음입니다. 이는 마음에 문제가 발생했다는 신호이지만, 정작 어디에서 어떤 이유로 생겨난 문제인지 우리는 알지 못합니다. 왜일까요? 마음을 한 번도 분해해 본 적이 없기 때문입니다.

그렇다면 마음을 분해하면 알 수 있을까요? 정비공의 자신감처럼, 우리도 마음을 분해해 본다면 잠 못 이루게 하는 걱정의 원인을 명확히 알 수 있을까요? 하지만 안타깝게도 우리의 마음은 자동차처럼 분해할 수 있는 물건이 아닙니다. 세상의 모든 색깔을 보고 모든 대상을 분별할 수는 있어도, 마음 자체는 눈에 보이지도, 손에 잡히지도 않기 때문입니다. 과연 그 어떤 사람이 보이지 않는 이 마음을 분해하여 설명해 줄 수 있을까요?

내 마음에도 사용 설명서가 있다면

믹서기를 구입했습니다. 설레는 마음으로 상자를 열어보니, 제품과

완충제, 그리고 얇은 책자가 들어 있습니다. 그 책자의 표지에는 〈믹서기 사용 설명서〉라고 적혀 있고, 몇 개의 그림과 깨알 같은 글씨가 페이지마다 가득하네요. 제목만 대충 훑어본 뒤 상자 속에 휙 집어넣고는 완충제와 함께 분리수거장으로 보냅니다.

물건과 함께 들어 있는 사용 설명서를 꼼꼼히 읽는 사람은 그렇게 많지 않습니다. 심지어 자동차처럼 부피가 큰 물건일수록 설명서를 더 대충 읽는다는 말도 있지요. 읽어야 한다는 건 알지만 꽤 귀찮은 일입니다. 그러고 보니 사용 설명서를 소홀히 한 탓에 제가 샀던 물건이 더 빨리 망가졌던 것 같기도 합니다.

내 마음에도 사용 설명서가 있다면 얼마나 좋을까요. 망가뜨리지 않고 최고의 성능으로 오래오래 사용할 수 있을 텐데 말입니다.

분리수거장으로 보내 버린 사용 설명서를 한번 떠올려 볼까요? 부품을 설명하는 '제품의 구성', 기능을 안내하는 '작동 매뉴얼', 잘못된 사용을 경고하는 '사용 시 주의 사항', 마지막으로 제대로 작동하지 않을 때 확인하는 '고장과 A/S(애프터 서비스)' 등 어떤 물건이든 대부분 이 네 가지로 구성돼 있습니다. 만약 마음에도 사용 설명서가 있다면 이런 구조여야 하지 않을까요?

이 책은 마음의 사용 설명서를 크게 네 가지 틀로 나누어 함께 살펴봅니다. 마음이 어떤 부품으로 되어 있는지, 작동 원리는 무엇인지, 잘못 사용했을 때 어떤 일이 생기는지, 또 망가진 마음을 어떻게 수리할 수 있는지까지. 이것만 제대로 알게 된다면 마음을 고장 내지 않고 오래오래 행복하게 사용할 수 있지 않을까요?

오랜 불가(佛家)의 역사와 함께 흘러온 수행자들의 〈내 마음 사용 설명서〉. 지금부터 여러분과 함께 펼쳐 보겠습니다.

2. 말로 풀수록 꼬여 버리는 '마음'

불교, 마음의 해부학

그런데 막상 이야기를 시작하려니 말문이 막힙니다. 〈내 마음 사용 설명서〉라는 값진 주제를 풀어나가기 전에 몇 가지 어려움이 있습니다. 혹시 여러분은 마음을 분해해 본 적이 있나요? 앞서 설명했듯이 마음은 분해할 수가 없어요. 마음은 스마트폰이나 자동차와 달리 눈에 보이지 않기 때문입니다. 그래서 마음에 소음이 생기면, 도대체 마음이 어떻게 생겨 먹었는지 한번 뜯어보고 싶지만 불가능한 일이지요. 마음을 분석하는 데 가장 큰 어려움은 바로 '보이지 않는다.'라는 점, 다시 말해 '존재한다.'라고 단정하기 어려운 모호한 얼굴에 있습니다.

저희 절에는 의사 스님이 한 분 계십니다. 스님께서 대학 시절 가장 좋아했던 과목이 해부학이었다고 해요. 해부학에서는 인체를 해부하여 그 안의 여러 가지 장기들을 찾아내고 이름을 붙입니다. 그리고 각 기관의 기능과 나아가 다른 장기와의 관계에 대해서도 배우는데, 그게 그렇게 신기했다고 합니다.

그런데 출가하고 공부를 하다보니, 불교도 다르지 않다고 하셨습니다. 불경(佛經)에는 눈에 보이지 않는 마음을 해부해 각 기관의 이름을 붙이고, 역할과 기능, 그리고 타 기관과의 관계를 설명해 놓았습니다. 기도하면 소원을 들어주는 주문서가 아니라, 놀랍게도 '마음의 해부학'이 바로 불경이었던 것입니다. 2,600년 전, 인도의 한 왕자가 수행자의 길을 걸으며 평생을 설한 그 가르침은 오늘 이 책을 읽고 있는 우리들의 이야기였습니다. 불경은 매일같이 일어나는 마음의 소음과 통증의 원인을 파악하고, 그것으로부터 자유로워질 수 있도록 안내하고 있었습니다. 육신의 해부학이 아닌, 마음의 해부학. 저는 그것을 '불교'라고 부르고 싶습니다.

그렇지만 오늘날 우리가 불경을 읽기 어려워하는 데는 이유가 있습니다. 당시 글도 모르던 인도의 천민들조차 부처님의 가르침을 듣고 그 자리에서 이해하곤 했다는데, 왜 지금의 우리는 불경을 읽어도 어렵다고 느낄까요? 가장 큰 이유는 바로 용어에 대한 정의와 이해 때문입니다.

하나의 말, 두 가지 의미

동물원에 사자와 토끼가 있었습니다. 제가 어느 날 두 친구에게 물었습니다. "너희들, 밥은 먹었니?" 사자가 대답했습니다. "응, 먹었어." 토끼도 대답했습니다. "응, 나도 먹었어." 과연 이 둘이 말한 밥은 같은 것을 의미할까요? 사자에게 밥은 고기이고, 토끼에게는 풀입니다. '밥'이라는 똑같은 단어를 썼다고 해도, 그 의미까지 같지는 않습니다.

불교에서 말하는 생각, 기억, 마음, 정신, 깨달음 같은 용어의 의미는 매우 섬세하고 심오합니다. 하나의 용어를 단일한 뜻으로만 고정해서 해석하면 불경을 이해하는 데 큰 걸림돌이 됩니다. 마음을 분석하는 데 있어서 용어의 정의를 공부하는 것은 지루하지만, 반드시 필요한 과정입니다.

그렇다면 마음을 표현하는 용어는 왜 이렇게 모호하고 어려울까요?

사랑하는 사람이 생기면 꽃과 향수, 편지 같은 선물을 합니다. 달콤한 초콜릿이나 따뜻한 목도리를 건네기도 하지요. 이 모든 행위의 바탕에는 '사랑'이라는 감정이 있습니다. 자신은 그 마음을 상대방에게 표현하고 싶지만, 사실 우리가 건네는 것들이 '사랑'은 아닙니다. 단지 보이는 색깔, 들리는 소리, 냄새와 맛, 감촉에 그치지 않습니다. 눈에 보이지 않는 '사랑'이라는 의미를 드러내기 위해, 우리는 보이고 들리고 향기 나고 맛을 내는 것을 빌렸습니다. 만약 마음 자체가 그대로 전달될 수 있다면 굳이 값비싼 다이아몬드를 선물할 필요도 없겠지요. 하지만 우리의 마음은 보이지 않으니 물건처럼 주고받을 수 없습니다. 또 전했다 해도, 받는 사람이 온전히 그 마음을 받았는지는 알 수 없습니다.

사자와 토끼의 '밥'이 달랐던 것처럼, '화'와 같은 감정에 대해서도 모두가 다르게 느낍니다. 말썽부리는 자식 때문에 엄마가 느끼는 화와 무고한 생명을 해친 범죄자에게 느끼는 화는 분명히 다릅니다. 그래서 심리학에서도 '분노'를 명확히 정의하기 어렵습니다.

그만큼 우리의 마음은 복잡하고 다양합니다. 용어를 정의하는 일부터 쉽지 않으니, 마음공부를 한다 해도 '내 마음은 그게 아닌데.', '내가 느끼는 감정은 그게 아닌데.' 하는 차이를 계속 느끼게 되는 것입니다.

3. 마음을 알면 삶이 달라진다

심리학과 〈불교심리학〉, 무엇이 다른가

서점에 가면 심리학 서적과 마음을 다루는 교양서적이 참 많습니다. 심리 작용과 행동, 언어를 연구하여 그 원인인 마음의 상태를 파악하는 등 소위 '진단'에 대한 이야기가 주를 이룹니다. 당연한 일입니다. 마음은 보이지 않으니 그 실체를 알아내기 위해서는 마음의 현상을 역추적해 연구할 수밖에 없으니까요.

하지만 불교는 다릅니다. 가령 아침에는 우울했는데, 조금 전 친구와 상사를 흉보면서 문득 즐거운 마음으로 바뀌었다고 해봅시다. 이때 대부분의 사람은 우울함과 즐거움이라는 결과에 집중하지만, 불교는 결과를 낳은 '마음'이라는 공통점에 주목합니다. 도대체 마음이란 어떤 것이기에 우울함과 즐거움이라는 전혀 다른 모습을 만들어 내는 걸까요?

불교는 마음이라는 미지의 민낯을 꽤나 공격적으로 파헤칩니다. 마음의 재료는 무엇인지, 어떤 부품으로 이루어졌는지, 어떤 원리로 작동하는지, 남과 공유할 수 있는 '존재'인가 등을 살핍니다. 이렇게 마음의 정체를 따라가다 보면 우리를 휘청거리게 하는 우울함과 즐거움은 뒷전으로 밀려납니다. 대신 마음의 본질을 이해하고, 각각의 마음 작용이 아니라 마음이라는 본체를 파악하려는 무모하리만큼 용감한 가르침을 만나게 됩니다.

제가 말하는 〈불교심리학〉은 심리학의 수많은 분류 중 하나가 아닙니다. 단지 마음[心]의 이치[理]를 설명한다는 원론적 의미에서 '심리학'이라는 말을 빌려 온 것일 뿐입니다. 실제로 〈불교심리학〉은 서양의 심리학(心理學)이 아니라 불경(佛經)에 뿌리를 두고 있습니다. 따라서 두 분야가 지향하는 목표도 다릅니다.

심리학은 인간의 언행을 바탕으로 사람의 심리를 이해하고 파악합니다. 이 과정이 과학의 영역으로 들어온 지는 오래되지 않았습니다. 과학의 영역으로 들어오려면 모든 것이 수치화되어야 합니다. 그래야만 비교와 분석이 가능하기 때문입니다. 그러나 마음은 수치화하거나 비교·분석하기 쉽지 않습니다. 그럼에도 심리학은 학문과 과학 속에 자리를 잡으면서 사람들의 마음을 지수로 평가하기 시작했습니다. 지수화된 평가는 객관적인 검사일 수 있지만 동시에 상대적이고, 중대한 오류를 안고 있기도 합니다. 예를 들어, 심리 검사에서 두 사람의 우울 지수가 똑같이 5점이라도, 두 사람이 겪는 우울감이 같다고 할 수는 없으니까요.

〈불교심리학〉의 토대가 되는 부처님의 가르침은 마음을 분석하고 이해하는 데서 그치지 않습니다. 수많은 설명과 비유, 예시는 분명한 목적지를 가리키는데, 그것이 바로 '무아(無我)'입니다. 그동안 믿어왔던 '나'라는 것이 생겨나는 원리를 설명하여, 수시로 생기고 변하며 사라지는 일시적인 '나'에서 벗어나게 합니다. 반면 심리학은 마음을 이해하는 데 중점을 두고 있을 뿐, '무아'를 밝히려는 학문은 아닙니다. 부처님의 가르침은 우리의 본래 모습을 꿰뚫어 보며, '나'라는 것은 존재하지 않는다는 결론에 이르게 하고, 그 깨달음에서 오는 해방감을 일깨웁니다. 바로 이 점이 〈불교심리학〉과 심리학의 가장 큰 차이라고 할 수 있습니다.

멋진 나 vs 없는 나 vs 아는 나

무아라는 가르침을 단순히 추상적인 이론으로 여기는 경우가 있습니다. 그러나 이 가르침은 우리가 평소 붙잡고 있는 '나'에 대한 집착과 직접적으로 연결됩니다.

사람은 누구나 스스로를 규정하고, 더 나은 '나'를 만들고 싶어 합니다. 때로는 기존의 '나'라고 여겼던 틀과 생각, 관점에서 벗어나기를 원하기도 하고요. 불교는 이 지점에서 전혀 다른 길을 제시합니다. '멋진 나'를 만드는 게 아니라, '없는 나[無我]'를 확인하도록 합니다.

그런데 이 길에는 '아는 나'라는 위험한 함정 하나가 숨어 있습니다. 마음의 구조를 배우고 이해하면 오랫동안 품고 있던 응어리가 풀리기도 합니다. 때로는 세상이 새롭게 보이면서 일시적으로 마음이 가벼워지기도 하는데, 이것이 바로 '아는 나'가 생겨나는 과정입니다. '아는 나'는 자유가 아닌 교만이라는 꼬리를 달고 옵니다. 그로 인해 귀를 닫게 만들고, 오히려 '고집스러운 나'를 다시 만들어 내기도 합니다.

제 경험을 말씀드리자면, 배움은 정말 즐거웠지만 배운 것과 하나가 되는 과정이 고통스러울 때도 있었습니다. '왜 나만 이렇게 살아야 하지? 저 사람이 내게 상처를 주었는데, 나는 왜 그의 말을 무상법(無常法)으로 이해해야 하지?' 다른 사람들은 화가 나면 바로 표현하는데, 나만 참아야 하는 것 같고, 그래서 나만 손해 보는 것 같고, 모두가 달려가는데 나만 멈춰 선 듯한 외로운 기분이 들기도 했습니다.

여러분들도 막상 배움을 실제 삶에 적용해야 할 순간이 오면, 기쁨과 용기보다 억울함과 속상함, 좌절을 겪게 될 수도 있습니다. 그동안의 공부가 헛수고였다는 또 다른 생각에 빠질 수도 있지요. 그러나 이 또한 어디에도 걸림 없는 '없는 나', 곧 '본래의 나'를 확인하는 과정입니다. 절대 걱정하지 마세요. 잘못된 것이 아니라, 누구나 거쳐야 할 자연스러운 수순이니까요.

제 눈의 안경

〈불교심리학〉은 불경 속에 등장하는 '마음'에 대한 수많은 연구를 알기 쉽게 정리하고자 했습니다. 불교의 가르침이 종교의 울타리를 넘어 상식이 되고, 삶이 지닌 고유한 빛깔이 근본적으로 투명하게 바뀌길 기대합니다. 다시 말해서, 〈불교심리학〉의 가장 큰 특징은

심리적 장애를 주로 다루는 것이 아니라, 장애의 근원을 고찰해 전혀 새로운 관점으로 바라보게 한다는 데 있습니다.

이러한 접근은 곧 불교가 설명하는 '마음의 구조'와 연결됩니다. 회사에 불편한 동료가 있다고 해봅시다. 나와 불편한 관계에 있는 그 동료를 내쫓으면 마음이 편안해질 것 같다고 생각할 수 있습니다. 그런데 말입니다. 회사의 다른 동료들도 그를 미워할까요? 내가 느끼는 것만큼 똑같이 그 사람을 싫어할까요? 아닐 수도 있습니다. 오히려 나만 그렇게 느낄 가능성이 큽니다. 그렇다면 세상을 바꾸는 것과 세상을 바라보는 나의 견해를 바꾸는 것, 둘 중 무엇이 더 빠를까요? 견해를 바꾸는 게 훨씬 빠를 수 있습니다. 그래서 〈불교심리학〉은 '견해의 전환'에서 답을 찾습니다.

〈불교심리학〉의 첫 번째 목표는 우리의 견해를 바꾸는 것입니다. 견해가 바뀌면 보이는 세상도 달라집니다. 단순히 '세상을 긍정적으로 바라보라.'라는 말만으로는 마음이 쉽게 바뀌지 않습니다. 마음은 생각보다 훨씬 복잡합니다. 게다가 마음에는 아주 위대한 법칙이 숨어 있어, 그 법칙을 이해하지 못한 채 '좋게 봐야지.', '좋은 마음을 내야지.', '모두를 사랑해야 해.' 한다고 해서 바뀌지 않습니다. 이 마음의 법칙은 기존의 심리학 체계 안에서는 온전히 설명되기 어렵습니다.

왜 불행의 연속인가?

가끔 강의 중에 이런 질문을 받곤 합니다. "이 공부를 한다고 해서

돈을 벌 수 있습니까? 승진을 할 수 있습니까?" 이 공부를 통해서 과연 현실적인 어려움을 해결할 수 있냐는 물음이지요. 〈불교심리학〉은 마음의 근본을 살피기 때문에 어려움을 바라보는 '시선' 자체를 바꾸어 줍니다. 따라서 주변 환경과 여건이 자신을 힘들게 만들더라도, 문제 자체를 바라보는 견해가 바뀌어서 어려움을 극복할 수 있는 지점을 마련해 줍니다.

회사에 다니면서 두 아이를 키우는 남성이 있었습니다. 그는 감정을 잘 조절하지 못해서 자주 욱하고 주변 사람들에게 짜증을 내는 경우가 많았다고 합니다. 스스로도 이러면 안 되겠다는 마음이 들었대요. 그러다 우연히 회사 내 참선 동아리 소식을 접합니다. '참선이 뭔지는 몰라도, 일단 마음이라도 가라앉혀 보자.' 하는 심정으로 참선을 시작했습니다. 퇴근 후 동아리 사람들과 함께 가부좌를 틀고 눈을 감고 앉았습니다. 한참을 그렇게 앉아 있다 보니, 어라? 마음이 편안해지는 겁니다. 아주 짧은 순간이었지만 잠깐의 평화를 느낄 수 있었지요. 그 순간 그분은 진짜 마음의 평화를 찾은 것처럼 반가웠다고 해요. 그리고는 '집에서도 꼭 참선을 하리라.' 하고 결심했습니다.

다음 날 집에 돌아와 거실에서 참선을 하려던 순간, 문제가 생겼습니다. 그의 자녀들은 다섯 살, 여섯 살인 남자아이들이었지요. 아빠가 참선을 하겠다고 거실 한 가운데에 앉아 있었지만, 아이들이 조용할 리가 없습니다. 소파 위를 뛰어다니고, 거실과 방을 쉴 틈 없이 날아다닙니다. 결국 그는 참선을 멈추고 벌떡 일어나서 "뛰지

마! 아빠가 뭐 하는지 안 보여? 조용히 좀 해!" 하며 화를 내고 말았습니다. 그는 왜 화를 냈을까요? 참선하는 데 방해받았기 때문입니다. 그런데 애초에 참선을 시작했던 이유가 무엇이었죠? 화를 안 내기 위해서였죠. 하지만 결과적으로는 화를 내지 않기 위해 참선하다가 화를 내버렸어요.

우리 대부분도 이분처럼 살아갑니다. 행복해지려고 일하고, 돈을 벌고, 공부도 하고, 명상도 합니다. 그런데 정작 그 과정은 불행의 연속이에요. 객관적인 영역은 우리가 쉽게 바꿀 수 없기 때문입니다. 그래서 자존심이 상하고, 분노가 치밀고, 고통도 생깁니다. 그러나 문제는 밖에 있지 않습니다. 행복해지려는 '의도' 자체가 얼마나 힘겨운 방식으로 작동하고 있는지를 정확히 알아차리는 것, 바로 거기서부터 마음을 바라보는 〈불교심리학〉이 시작됩니다.

그의 표정에서 인생이 보이는 이유

우리가 익숙하게 배워 온 심리학은 마음을 직접적으로 관찰하는 게 어렵기 때문에, 마음이 아닌 행동을 연구하는 방향으로 발전했습니다. 눈에 보이지 않는 마음을 유추하기 위해서 마음의 결과인 '말'과 '행동'을 살핀 것이지요. 이처럼 보이지 않는 마음을 직접적으로 표현할 방법이 없고, '있는 그대로' 전달하기도 쉽지 않습니다. 설령 내 마음을 상대방에게 전해 주었다고 생각해도, 또 내가 누군가의 마음을 전해 받았다고 여겨도, 실제로는 '자신만의 견해'로 해석하는 경우가 많습니다. 그래서 〈불교심리학〉은 마음을 보다 직접적으로 탐구하기 위해, '견해와 기억'의 구조로 마음을 해석합니다.

　우리는 모두 세상을 바라보는 나름의 견해를 지니고 있습니다. 같은 대상을 보아도 내 관점과 옆 사람의 관점은 다를 수 있습니다. 게다가 관점에 따른 견해는 늘 변화합니다. 예를 들어, 여러분이 저를 보고 '보만 스님은 굉장히 편안한 사람이구나.'라고 느꼈다고 합시다. 그러나 그 생각은 오래가지 않습니다. 몇 초 지나면 금세 사라져요. 이것을 '찰나'라고 부릅니다. 하지만 사라진 견해는 완전히 없어지는 게 아니라 인상과 느낌으로 남아 '기억'이 됩니다. 견해는 찰나마다 바뀌고, 그때마다 새로운 기억이 쌓입니다. 지금 이 순간에도 견해가 작동하고 있고, 기억이 새롭게 쌓이고 있습니다.

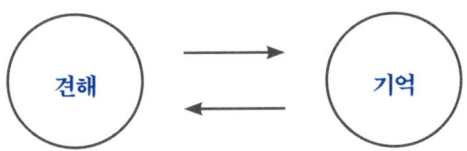

　정리하면, 견해는 매 찰나 쌓여 기억을 바꾸고, 이 기억들이 다음 견해를 만듭니다. 그래서 아름다운 견해를 가지려면 아름다운 기억이 저장되어야 합니다. 아름다운 기억이 있으면 아무리 나쁘게 보려 해도 쉽게 나쁘게 보이지 않습니다. 반면 나쁜 기억이 있으면 아무리 아름답게 보려 해도 아름답게 보이지 않겠지요. 이것이 마음의 구조 속에서 드러나는 '견해와 기억의 법칙'입니다.

　그래서 한 사람의 현재 모습을 보면 그가 지금까지 어떻게 살아왔는지, 어떤 심리 상태인지 알 수 있습니다. 그의 모습은 그가 가진 견해이고, 그 견해는 과거에 저장된 기억으로 빚어졌기 때문입니다. 그의 말, 표정, 대답을 살펴보면 지금까지 어떤 기억을 많이 쌓으며 살아왔는지 알 수 있습니다.

이 공부를 통해 사람을 바라보는 시선을 바꿀 수 있습니다. 지금 그 사람이 하는 말과 행동, 표정 속에서 그가 지나온 시간의 기억이 보이기 때문입니다. 그러면 자연스레 측은한 마음이 생기고, 안아 주고 싶은 마음도 듭니다. 더 이상 상대를 내 기준에 끼워 맞추려 하지 않고, 있는 그대로 살아가도록 도와줄 수 있는 태도를 갖추게 됩니다. 아무리 못난 돌멩이라도 다 제자리가 있는 법이지요.

여러분은 무한한 존재입니다. 마음은 보이지 않으므로 수천, 수만 명도 품을 수 있습니다. 그런데 우리는 '난 원래 이런 놈이야. 난 이런 기억을 쌓았고, 난 이런 인생을 살아왔어.' 하며 자신을 규정지으며 살아왔던 탓에, 그 안에 내가 너무 많아 누구도 들어올 틈이 없었습니다. 그러나 이 공부를 통해 본래의 마음을 발견하면, 수많은 이들을 품어 낼 수 있는 여유가 생깁니다. 날카로웠던 사람, 가시 돋친 사람들까지도 품어 내면서 따뜻하고 아름다운 마음을 갖게 될 것입니다. 저는 이 공부를 통해 겪게 될 여러분들의 변화를 믿습니다.

◆ 여기서 멈추지 말고, 부록 〈내 마음 관찰 노트〉 268쪽에서 조금 더 깊이 내 마음을 들여다보세요.

2
[부품 명칭과 구조]

'나'라고 여겼던 몸과 마음

만약 이 몸과 마음이 '나'가 아니라는 사실을 모두가 상식으로 여긴다면 어떨까요? 삶과 죽음을 지나치게 심각하게 받아들이지 않게 될 것입니다. '어떻게 살 것인가.', '무엇을 위해 살 것인가.'를 자연스럽게 질문하게 되고, 삶은 한결 여유로워질 것입니다. 무언가를 꼭 얻기 위해서, 해내기 위해서 절박한 심정을 일으키며 자기 자신과 타인을 괴롭히지 않을 수 있습니다.

거울 속의 나? 기분 속의 나? 생각 속의 나?

사람들은 저마다 '나'를 다르게 정의하며 살아갑니다. 어떤 이는 거울에 비친 몸을 '나'라고 여깁니다. 머리를 매만지고 예쁜 옷을 챙겨 입으며 '나'를 아름답게 가꾸려 하지요. 또 어떤 이는 마음을 '나'라고 여겨 상황에 따라 바뀌는 감정을 곧 자기 자신처럼 느끼기도 합니다. 그리고 옳다고 믿는 생각을 '나'라고 여기는 사람도 있습니다.

몸이 곧 '나'라고 믿기 때문에 다크서클이나 주름살에 민감하게 반응하고, 마음이 곧 '나'라고 믿기 때문에 기분이 상하면 곧바로 자신이 상처받았다고 느낍니다. 생각이 곧 '나'라고 믿었던 사람은 자신의 의견이 존중 받지 못하면 무시당했다고 여기며 화를 내기도 합니다.

그러나 정말 '나'는 몸과 마음, 생각을 말하는 걸까요? 이 세 가지를 제외한 후에도 여전히 존재하는 무언가가 있다면, 우리는 그것을 무엇이라고 부를 수 있을까요? 2장에서는 '나'라고 여겼던 몸과 마음을 만드는 구성 요소를 살펴보겠습니다. 지금까지 당연하게 여겨 온 '나'가 정말 실재하는지, 스스로에게 질문을 건네 봅시다.

1. 몸: '나' 아닌 것들의 집합

어제는 된장찌개, 오늘은 내 몸

우리는 종종 이 몸을 '나'라고 여깁니다. 거울에 비친 모습에 따라서 기분이 오르내리고, 얼굴에 뾰루지가 나거나 주름이 부쩍 늘면 기분이 언짢아집니다. 병들고 늙어감을 두려워하는 이유도 육신을 '나'라고 생각하기 때문입니다.

그런데 한번 생각해 봅시다. 생물학적인 관점에서 육신이 생겨나는 과정을 짚어 보면, 과연 이 몸을 '나'라고 할 수 있을까요? 육신은 정자와 난자가 만나 하나의 세포가 형성되는 순간부터 시작됩니다. '수정란'이라 불리는 이 세포는 끊임없이 분열을 반복하면서 배아 상태로 성장하고, 점차 눈과 귀, 팔과 다리, 심장 등 기관을 갖춘 태아로 발달합니다. 약 10개월간 어머니의 자궁에서 자라난 뒤 세상 밖으로 나와 비로소 눈에 보이는 온전한 '몸'을 갖습니다.

그렇게 태어난 육신을 부모에게서 그대로 받았다고 말하기는 어렵습니다. 더 정확히 말하면 부모에게서는 '씨앗'을 받았을 뿐, 그 씨앗을 자라나게 한 생명 작용은 우리 스스로에게서 일어났기 때문입니다. 탯줄을 통해 어머니가 섭취한 음식으로부터 영양분을 공급받았지만, 세포 분열과 성장은 스스로의 힘으로 이뤄냈습니다.

따라서 이 육신은 부모의 노력 혹은 '나'의 힘만으로 만들어졌다고 할 수 없습니다. 더 분명하게 짚어 보자면, 이 몸은 나와 관계된 수많은 인연과 조건의 결과물입니다. 여러 조건이 만나 지금의 몸이 만들어졌다고 보는 편이 옳습니다.

　게다가 몸은 지금 이 순간에도 끊임없이 변화하며 유지됩니다. 이 몸을 유지하기 위해 우리는 매일 음식을 섭취해 외부의 에너지를 받아들이죠. 예를 들어 어제 저녁 식사로 된장찌개를 먹었다고 해봅시다. 식사 전까지 된장찌개는 분명히 '나'와 분리된 외부의 대상이었습니다. 그러나 식사를 하고 나면 영양분이 내 몸에 흡수되어 살과 에너지가 됩니다. 60킬로그램이던 몸무게가 61킬로그램이 되었다면, 늘어난 1킬로그램은 자연스레 '내 몸'의 일부가 됩니다. 얼마 전까지만 해도 '나'가 아니었던 것이 어느새 '나'가 된 셈이죠.

　이처럼 따지고 보면 육신은 '나'가 아닌 것들이 모여 형성된 하나의 덩어리, 즉 남[他]의 집합입니다. 그동안 우리는 외부의 음식을 내부로 들여와 육신을 만들었고, 그렇게 형성된 것을 '나'라고 믿어 왔습니다. 그러나 사실 몸은 본래부터 '나'였던 것이 아니라, '나' 아닌 것들이 모여 만들어진 형체였습니다.

내 몸에는 내가 없었다

> 지금 나의 이 몸이란 사대가 화합한 것이니 이른바 머리카락, 털, 손톱, 이빨, 피부, 살, 힘줄, 뼈, 골수, 뇌, 더러운 티끌은 모두 땅에 귀속되는 것이고, 침, 눈물, 고름, 피, 땀, 거품, 가래, 콧물, 정액, 대변, 소변, 양분은 모두 물로 귀속되는 것이며, 따뜻한 기운은 불로 귀속되고, 움직여 구르는 바는 바람으로 귀속되니 사대를 각각

나누고 나면 지금이라는 허망한 몸을 어디에 존재한다고 할 수 있겠는가?

– 『원각경』「보안보살장」

불교에서는 몸을 지(地)·수(水)·화(火)·풍(風), 사대(四大)의 화합으로 봅니다. 뼈·손톱·이빨·피부·살·힘줄 같은 것은 땅의 성분, 침·눈물·고름·피·땀·거품 등은 물의 성분으로 분류합니다. 체온은 불의 성분으로, 호흡과 움직임은 바람의 성분으로 설명하지요. 즉, 땅의 요소, 물의 요소, 불의 요소, 바람의 요소 네 가지의 성질[四大]이 모여서 몸을 이룬다고 봅니다. 영양소의 집합으로 보든, 사대로 구분하든 결론은 같습니다. '몸은 원래부터 있었던 게 아니고 결국 쌓여서 만들어졌다.', '내가 아닌 것이 모여 나를 이뤘다.' 하는 큰 논리를 벗어날 수가 없습니다.

여기에 불교는 한 가지를 더 짚습니다. 이 네 가지 요소는 그 자체로 생명을 갖지 않는다는 점입니다. 종이컵에 담은 한 줌의 흙을 보고 살아 있다고 말하는 사람은 없습니다. 물도, 불도, 바람도 그 자체만으로 생명을 가졌다고는 할 수 없습니다. 그렇다면 그 네 가지를 섞어 놓으면 생명이라고 할 수 있을까요? 결국 사대로 화합해 만들어졌기에 이 몸도 본래 생명을 지닌 실체가 될 수밖에 없습니다. 그래서 『원각경』에서 부처님은 이렇게 묻습니다. "사대를 각각 나누고 나면 지금이라는 허망한 몸을 어디에 존재한다고 할 수 있겠는가?" 몸이 '나'라고 믿는 마음을 분석해 들어가면, 결국 실체 없는 허상임을 알게 됩니다.

2. 마음: 기억의 그릇

마음은 텅 빈 그릇

마음은 또 하나의 '나'로 착각하는 대상입니다. 그러나 자세히 들여다보면, 마음은 기억으로 채워진 그릇에 불과합니다. 그 기억은 세상과의 만남 속에서 쌓인 것들입니다. 자기소개할 때 말하는 이름, 가족, 학력, 감정, 경험 등 자신을 설명하는 모든 것은 결국 그런 만남에서 비롯된 기억이지요. 만약 이 기억을 모두 지워 버린다면, 과연 무엇을 마음이라고 부를 수 있을까요?

그래서 마음을 기억의 집합, 기억의 그릇이라고 부릅니다. 항아리에 우산을 꽂으면 우산꽂이라 부르고, 된장을 담으면 된장독이 되는 것과 마찬가지입니다. 진짜 마음은 텅 비어 있는 그릇과 같은데, 이 그릇에 어떤 기억을 집어넣느냐에 따라서 이름이 바뀌지요. 지금 이 순간에도 우리는 끊임없이 마음이라는 그릇에 기억을 넣고 있습니다.

육신이 외부의 음식으로 만들어지고 유지되듯이, 마음 또한 마음 바깥의 대상이 기억으로 저장되어 이루어집니다. 몸과 마음 모두 '나'가 아닌 것들이 모여서 만들어졌습니다.

몸과 마음의 구성에 관해서 언급한 이유는 이 모든 것이 '나'가 아니라는 점을 분명히 하기 위해서입니다. 지금까지 '나'라고 믿었던 몸과 마음은 사실 '나'가 아니었습니다. 둘 다 대상을 쌓아 놓은 것일 뿐입니다. 하지만 우리는 그동안 몸과 마음을 '나'로 삼았기에 늙고 아프고 병이 들 때마다 고통스러워하고, 다른 사람이 무심코 내뱉은 한마디 말에 괴로워했습니다.

3. 무자성: 고정된 '나'는 없다

불의 출처: 쑥일까, 태양일까, 거울일까?

육신은 지수화풍의 모임일 뿐 '나'가 아니고, 마음 또한 기억의 집합일 뿐 '나'가 아니라고 했습니다. 그럼 '무엇이 나인가?'라는 궁금증이 일어납니다. 불교에서는 몸은 사대의 결합으로, 마음은 기억의 축적으로 생겨난 것일 뿐, 본래의 실체는 없다고 봅니다. 이것이 불교에서 말하는 무자성(無自性)의 가르침입니다.

『수능엄경』에 아주 인상적인 장면이 펼쳐집니다. 사람들이 불을 피우기 위해 햇볕이 뜨거운 날 오목거울을 들어 햇살을 한 점으로 모읍니다. 그 점에 쑥을 대자 불이 타오르기 시작했습니다. 이를 지켜보시던 부처님께서 제자 아난에게 질문하셨습니다. "불이 붙었구나. 그렇다면 이 불은 어디에서 온 것이냐? 거울에서 나왔느냐, 쑥에서 나왔느냐, 아니면 태양에서 온 것이냐?" 만약 불이 태양에서 왔다면 태양이 비추는 모든 곳에 불이 붙었어야 합니다. 거울에서 비롯되었다면 거울을 든 손이 불에 타올라야 했고요. 그렇다고 쑥에서 나왔다고 말할 수도 없습니다. 쑥은 땅에서 자라는 식물일 뿐, 그 안에 불씨를 품고 있지 않으니까요.

그렇다면 도대체 불은 어디에서 온 것일까요? 그 누구도 명쾌하게 불의 출처를 말하지 못했습니다. 하지만 부처님은 여기서 중요한 통찰을 보여 주십니다. 불은 태양과 거울, 쑥이라는 여러 조건이 정확히 맞아떨어졌을 때 잠시 나타난 현상일 뿐, 어디에도 본래부터 존재했던 것이 아니라는 점입니다. 불은 고정된 실체가 아니라, 조건이 성립될 때만 '있음'으로 드러나는 현상입니다.

우리의 몸과 마음도 이와 같습니다. 태양, 거울, 쑥이 각각 고유의 역할을 할 뿐 어느 하나가 곧 '불'은 아니듯, '나'라는 존재 역시 마찬가지입니다. 몸, 마음, 감정, 생각 가운데 어느 것 하나도 '이것이 진짜 나야.'라고 할 수 없습니다. 단지 여러 인연이 모였을 때 '나'라는 개념이 잠시 드러날 뿐이며, 인연이 흩어지면 그것마저도 사라집니다.

사라져도 흔들리지 않는 이유

아난아, 불의 성품은 자아가 없어서 모든 맺어짐에 기생하는데, 너는 성중의 식사를 미처 못한 집들이 불을 때서 밥을 지으려 할 때에 손에 화경(양수)을 들고 해의 앞에서 불을 구하는 것을 보았을 것이다. 아난아, 화합이라 하는 것은 나와 더불어 너와 천이백

오십 비구가 지금인 하나의 무리가 되었듯이, 무리는 비록 하나지만 그 근본을 물어보면 각각의 몸이 있고 모두가 태어난 씨족과 이름자가 있다. 마치 사리불은 바라문종이고, 우루빈나는 가섭파중이며, 아난은 구담종의 성씨인 것이다.

- 『수능엄경』 제3권

이어서 부처님은 또 하나의 비유를 들려주십니다. 부처님과 함께 있던 천이백오십 명의 비구들은 각기 다른 혈통과 배경을 지녔지만, 함께 모여 하나의 승단을 이루었습니다. 이처럼 다른 것이 모여 하나가 된 것을 '화합'이라고 합니다.

자동차도, TV도 마찬가지입니다. 그것을 이루는 부품은 모두 제각각이지만, 부품이 모여야만 자동차가 되고, TV가 될 수 있습니다. 자동차와 TV는 어느 한 부품만으로는 설명되지 않지요. '나'라는 존재도 같습니다. 몸, 마음, 생각 가운데 어느 것도 홀로 '나'가 될 수 없습니다.

태양, 거울, 쑥, 그 어디에도 불은 본래부터 없었다는 논리를 통해 부처님은 무자성, '어떤 것도 고정된 실체가 없다.'라는 가르침을 설명하셨습니다. 사대의 어디에도 생명은 없었지만, 사대가 화합한 몸에는 마치 생명이 있는 것처럼 느껴진다는 말입니다.

몸과 마음이 '나'가 아니라는 사실을 이해한 사람은, 그것들이 변해도 더 이상 흔들리지 않습니다. 육신은 마치 계절마다 갈아입는 옷과 같아서, 겨울이 되면 두꺼운 옷으로 갈아입고 여름이 되면 얇은 옷을 꺼내 입듯 인연 따라 잠시 머물렀다가 사라지는 존재일 뿐입니다. 불교가 '윤회'를 중요한 가르침으로 삼는 이유도 여기에 있습니다. 이 진리를 아는 사람은 얼굴에 주름이 생기고 허리가 굽어도 모양[色]에 얽매이지 않습니다. 늙고, 병들고, 죽음에 이르는 과정에서도 두려움에 압도되지 않습니다.

만약 몸과 마음이 '나'가 아니라는 사실을 모두가 상식으로 여긴다면 어떨까요? 삶과 죽음을 지나치게 심각하게 받아들이지 않게 될 것입니다. 생명을 연장하기 위해 집착하던 마음에서 벗어나 '어떻게 살 것인가?', '무엇을 위해 살 것인가?'라는 근본적인 질문을 자연스레 던지게 되고, 삶은 한결 여유로워질 것입니다. 무언가를 꼭 얻기 위해서, 반드시 해내기 위해서 절박한 심정을 일으키며 스스로를 괴롭히지 않을 수 있습니다.

많은 이들이 성공하는 삶을 꿈꾸지만, 성공하지 않아도 괜찮습니다. 남한테 의지하지 않아도, 타인의 부러움을 사지 않아도 우리는 충분히 괜찮은 존재입니다. 이미 우리에게는 법(法)을 들을 수 있는 귀, 그 법을 듣고 미소 지을 수 있는 얼굴, 이 모든 것이 갖추어져 있기 때문입니다. 환상과 같은 존재이지만, 그것만으로도 이미 값진 선물입니다. 내가 아닌 것들로 만들어져 끊임없이 변화하는, 그 자체로 놀라운 '나'이기 때문입니다.

하지만 우리는 이 법칙을 배우지 못했기 때문에 평생 사라지는 육신과 마음을 변치 않는 '나'라고 여기며 살아왔습니다. 그러다 이 몸을 잃어 갈 무렵에야 비로소 삶의 의미를 찾기 위해 허둥댑니다.

4. 생각과 정신: 진짜 '나'는 보는 자리에 있다

진아, 참나, 정신

불교를 조금이라도 공부해 본 사람이라면 진아(眞我), 즉 '참나'라는 말을 들어봤을 겁니다. 참나가 있다는 말은 곧 가아(假我), '가짜 나'도 있다는 뜻이지요. 앞에서 설명한 바와 같이 우리가 지금까지 믿고 살아온 '나'—몸, 감정, 생각—그 모든 것이 가짜였다면 당황스러울 수밖에 없습니다. 그렇다면 다시 질문하게 됩니다. "진짜 나는 누구인가?"

바로 이 순간, 몸도 마음도 생각도 '내가 아니다.'라는 사실을 알아차릴 때, '나라고 생각했던 것들이 진짜 나는 아니구나.'라고 '깨닫는 나'가 드러나게 됩니다. 눈앞에 놓인 커피를 바라보고, 슬픔에 뒤엉켜서 눈물을 흘리는 자신을 바라보고, 속이 상한 감정을 알아차리는 그 자리, 그것이 바로 진짜 '나'의 자리이며, 〈불교심리학〉에서는 그 자리를 '정신'이라고 부르기로 약속합니다.

사실 정신이라는 용어의 약속에는 약간의 모자람이 있습니다. 원래 불교에서는 이 자리를 '깨달음[覺]'이라고 불러 왔습니다. 세상뿐만 아니라, 세상을 보고 있는 '나'까지도 모두 알아차리고 있는 바로 이 자리, 시비를 가리고 호불호를 말하고 있는 이 자리. 수행을 하든 수행을 안 하든, 출가한 스님이든 5살 아이든, 심지어 강아지와 고양이에게도 평등하게 이미 갖추어진 능력을 말합니다. 하지만 오늘날의 불교에서 말하는 깨달음의 의미는 '지속적인 수행의 결과로

얻게 되는 궁극의 경지'라는 편에 더 가까워졌습니다. 다시 말해 '갖추어진 능력'이 아니라 '얻어야 할 능력'이라는 의미가 더 짙어진 것입니다. 의미의 혼란을 피하기 위해 〈불교심리학〉에서는 '깨달음' 대신 부득이 '정신'이라는 말을 쓰기로 했습니다. 왜냐하면 '본래부터 누구에게나 평등하게 갖추어진 능력'이라는 뜻은 정신이라는 표현에 더 잘 드러나기 때문입니다.

삶의 중심축이 바뀌는 전환점

우리는 평생 외부의 대상만을 바라보며 살았습니다. 누군가의 말에 상처받고, TV 속 슬픈 장면에 눈물을 흘리고, 뉴스에서 본 전쟁과 기아 소식에 마음 아파했습니다. 하지만 〈불교심리학〉은 이 시선을 자기 안으로 돌리게 합니다. '왜 저 장면을 보면서 슬퍼했지?', '왜 그 말에 화가 났지?' 그리고 '이렇게 슬퍼하고 화를 내는 나는 누구지?' 하며 스스로에게 질문을 던지게 만듭니다.

이 질문을 따라가다 보면, 결국 모든 것의 출처가 정신이었음을 알게 됩니다. 슬픔, 화, 기쁨 등은 외부에서 들어온 감정이 아니라, 내 정신 안에서 만들어진 생각의 반응이었습니다. 누군가의 말, 어떤 사건, 눈앞의 장면은 단지 '조건'이었을 뿐, 그것을 해석하고 반응한 건 그저 생각이었던 거죠. 평생 '나'라고 믿어 왔던 것들에 대해 의심하기 시작하는 순간입니다.

따라서 생각을 바라보는 연습을 하다 보면 자신을 좀 더 이해하고 받아들일 수 있는 삶의 태도를 갖추게 됩니다. 이를 불교 용어로

'조견(照見)'이라고 합니다. '조(照)'는 '거울에 비추어 봄'을 뜻하고, '견(見)'은 '세상을 바라보는 시각'을 말합니다. 거울에 비추었을 때 자신이 보이듯, 세상을 분별하던 나의 견해를 바라보게 됩니다. '아, 내 생각이라는 게 이런 거였구나. 저 사람은 좋고, 저 사람은 나쁘다고 분별하고 있는 내 생각이 이랬구나.'라고 알게 되면 엄청난 이익이 생깁니다.

이 깨달음은 단순한 심리학적 통찰이 아닙니다. 이는 곧 삶의 중심축이 바뀌는 전환점입니다. '생각이란 무엇인가.'를 묻기 시작하는 순간, 우리는 더 이상 생각에 끌려가지 않게 됩니다. 생각을 통해서 자신을 들여다보고, 더 유연하고 다양한 선택을 할 수 있는 하나의 기능으로 삼을 수 있습니다.

긍정적으로 보려고 해도 부정적으로만 느꼈던 것들, 잠 못 들게 했던 근심과 걱정, '몸이다, 마음이다, 과거다, 정치다, 경제다.' 하던 온갖 분별이 사실은 생각이라는 무대 위에서 벌어진 일이라는 것을 알게 됩니다. 그래서 몸도 마음도 '나'가 아니었다는 이해가 필요했던 것입니다.

이 공부는 매 순간 자신을 바라보는 연습에서 시작됩니다. 기분이 안 좋아지거나, 특정한 감정에 매몰될 때마다 이렇게 바라보시기 바랍니다. '이 몸을 나라고 여겼나?', '이 마음을 나라고 여겼나?', '이 생각을 나라고 여겼나?'

◈ 여기서 멈추지 말고, 부록 〈내 마음 관찰 노트〉 270쪽에서 조금 더 깊이 내 마음을 들여다보세요.

3

[작동 매뉴얼①]

마음은 기억과 견해의 순환

기억은 '나'가 아닙니다. 그리고 기억의 모임으로 생겨나는 마음도 '나'가 아니에요. 그럼 '나'는 누구일까요? 그 질문을 품고 있는 바로 지금 이 자리, '그렇구나' 하고 알아차리는 이 자리가 '나'입니다. 지나간 기억들이 '마음'이라는 주머니에 저장되어 가짜의 나를 만들었다는 사실을 알게 될 때, 기억 속의 사연들을 '나'로 삼았던 오랜 습관에서 벗어나게 됩니다.

코끼리를 봤나요? 칠판을 봤나요?

 칠판에 코끼리 한 마리를 그렸습니다. 자, 무엇이 보이나요? 귀여운 코끼리가 보인다고 하시는 분도 있을 테고, 엄니가 없는 걸 보니 아마도 아기 코끼리인 것 같다고 하시는 분도 있을 겁니다. 또, 보만 스님 그림 참 못 그린다고 웃으시는 분도 계신 것 같네요.
 그런데 이 그림은 어디에 그려져 있나요? 칠판에 그려져 있습니다. 그럼 우리는 코끼리 그림을 보면서 칠판도 분명히 보았을 텐데, "뭘 보셨어요?"라는 질문에 '칠판'이라고 대답한 분은 없어요. 왜일

까요? 너무 당연하고 익숙해서, '칠판'이라고 대답하는 건 질문이 의도한 핵심이 아니라고 생각했기 때문입니다.

하지만 가만히 생각해 보세요. 코끼리를 지우고 고양이를 그리든 사슴을 그리든, 그림은 계속 바뀌지만 칠판은 그대로입니다. 언제나 그 자리에 있지요.

심리학은 마음을 다룰 때 칠판 위의 '그림'에 집중합니다. 우리가 느끼는 생각이나 감정 —예를 들면 분노, 증오, 사랑, 그리움— 은 모두 칠판 위에 그려진 그림과 같아요. 심리학은 이 감정과 생각이 왜 생겼는지, 또 그것을 어떻게 다룰지를 분석하고 연구합니다. 반면, 〈불교심리학〉은 그림이 아니라, 그림이 드러나는 바탕인 칠판, 다시 말해 감정과 생각이 일어나는 의식의 공간 그 자체를 들여다봅니다.

그림은 칠판에서 저절로 나오지 않았어요. 분필로 그리면서 칠판에 덧입혀 졌지요. 감정도 마찬가지입니다. 위에서 말한 분노, 증오, 사랑, 그리움 등의 감정들은 처음부터 있었던 게 아니라 어느 순간 정신 위에 덧그린 것들입니다. 잠을 자고 있을 때는 생각과 감정이 없습니다. 꿈조차 꾸지 않는 깊은 잠 속에서는 분노도, 기쁨도 없지요. 그런데 눈을 뜨고 생각을 시작하는 순간 감정이 뒤따라옵니다. 마치 칠판 위에 그림이 그려지는 순간과도 비슷합니다.

아무리 복잡하고 화려한 그림도 결국 지워지고, 그 자리에 또 다른 그림을 그릴 수 있습니다. 그러나 그림을 그리고 지우기를 반복해도 칠판은 여전히 그 자리에 있습니다. '나'라고 믿었던 감정과 생각도 마찬가지입니다. 감정과 생각은 정신이라는 바탕 위에 잠시 드러났다 사라지는 그림일 뿐입니다. 변하지 않는 무대가 정신이라면, 그 위에 드러나는 생각은 세상을 바라보는 견해가 되고, 견해는 기억 속에 쌓여 다시 마음을 만듭니다.

이번에는 우리가 평소 '나'라고 굳게 믿어 온 마음의 원리와 구조를 살펴보려 합니다. 그리고 정신에 관한 이야기는 조금 뒤로 미루겠습니다. 왜냐하면 자신을 들었다 놓았다 하는 건 칠판이 아니라, 칠판 위의 그림들이기 때문입니다. 하지만 이 강의가 결국 도달하게 될 목적지는 한 번도 움직인 적 없는 본래 자리, 곧 정신의 자리라는 사실을 미리 말씀드릴게요.

3장은 마음을 이해하기 위한 첫 번째 매뉴얼입니다. 기억과 견해가 순환하는 과정을 짚어 보면서, 그동안 집착해 온 '나'라는 관념이 어떻게 만들어졌고, 또 어떻게 허물어질 수 있는지를 살펴보겠습니다. 이를 통해 우리가 평생 의지해 온 생각과 기억이 결코 고정된 '나'가 아님을 보게 될 것입니다.

1. 생각이 일어나는 구조

어디서 왔는지 알 수 없는 '생각'

〈불교심리학〉의 문은 조금 독특한 자리에서 열립니다. 바로 '불확정성'입니다. 딱 잘라 '이거다!'라고 말할 수 없는 애매하고 모호한 지점에서부터 출발하지요. '이건 감정이고 저건 마음이다.' 하는 것처럼 세상의 모든 것을 '존재한다.'라는 전제에서 시작하는 심리학과는 전혀 다른 입장입니다. 불교는 반대로 '존재하지 않는다.'라는 기반 위에서 이야기를 시작합니다.

그럼 도대체 뭐가 있고, 뭐가 없다는 걸까요? 그림이 시시때때로 바뀌더라도 칠판은 그대로 있듯, 〈불교심리학〉은 보이지 않지만 언제나 깔려 있는 '바탕'에 주목합니다. 칠판 위에서 그림이 그려지고 지워지는 것처럼, 생각과 감정도 바탕 위에 잠시 나타났다가 사라지는 존재일 뿐임을 설명합니다. 이를 위해 먼저 그림과 칠판을 구분해야 합니다. 칠판 위의 그림, 다시 말해 '생각'이라는 작용이 어떻게 일어나고 어떻게 사라지는지를 분명히 살펴야 합니다.

우리가 흔히 하는 말이 있습니다. "넌 생각이 너무 많아." 혹은 "와, 정말 아무 생각도 없는 것 같아!" 그런데 '생각'이란 걸 어떻게 정의할 수 있을까요? 시대마다 표현이 달라지므로, 우선 우리가 쓰는 현대적 언어로 용어를 정리해 두겠습니다.

> 식(識) – 생각
> 심(心) – 마음
> 각(覺) – 정신

불경에서는 '생각'을 '식(識)', '마음'을 '심(心)', '정신'을 '각(覺)'이라고 부릅니다. 그러나 우리는 '마음'이라는 용어를 모호하게 사용

합니다. 기쁜 마음, 슬픈 마음처럼 일시적으로 일어나는 감정을 뜻하기도 하고, '몸과 마음'이라고 표현할 때는 눈에 보이지 않는 생각과 감정의 주체를 가리키기도 하지요. 〈불교심리학〉에서는 생각이라는 작용을 일으켜 세상을 분별했던 수많은 기억의 모임을 '마음'이라고 약속합니다.

앞에서 잠깐 언급했듯이 '각(覺)'을 '깨달음'이라고 번역하기도 하지만 오늘날 우리가 쓰는 의미와 정확히 맞아떨어지는 표현은 아니에요. 그래서 〈불교심리학〉에서는 좀 더 현실적인 이해를 위해 '깨달음' 대신 '정신'이라는 표현을 사용하기로 했습니다. 용어에 대해서는 앞으로 이야기를 이어가면서 다시 설명하겠습니다. 그럼 이제 '생각'에 관해 본격적으로 살펴볼까요?

생각에도 엄마, 아빠가 있었다

우리는 평소에 '생각은 마음에서 나오는 거야.'라고 막연하게 알고 있는데, 과연 그럴까요? 만약에 생각이 마음으로부터 생겨나는 것이라면 마음은 항상 있었으니, 언제나 분노, 기쁨, 슬픔으로 가득 차 있어야 할 거예요. 그런데 그런 생각들은 평소에는 마음 속에서 찾아볼 수 없지만, 특정한 상황에서 —예를 들면 상사에게 혼나거나, 키우던 강아지가 죽거나, 예상하지 못했던 상을 받거나 했을 때— 문득 생겨난다는 말입니다. 분명히 내 마음이 없으면 생각도 일어나지 않겠지만, 왠지 생각의 출생에는 무언가 비밀이 있어 보입니다. 한번 그 비밀을 들여다볼까요?

여러분 앞에 꽃이 놓여 있다고 상상해 보세요. '꽃이다!' 하고 인식하려면 먼저 눈이 그 꽃을 바라봐야 합니다. 하지만 눈만 있다고 해서 꽃을 볼 수 있는 건 아니지요. 반드시 '꽃'이라는 대상이 있어야 합니다. 눈이라는 감각 기관과 꽃이라는 대상이 만날 때, 비로소 '꽃이구나', '예쁘다' 하는 생각이 생겨납니다.

감각 (육근六根)		대상 (육진六塵)		생각 (육식六識)
안(眼)	+	색(色)	=	안식(眼識)
이(耳)	+	성(聲)	=	이식(耳識)
비(鼻)	+	향(香)	=	비식(鼻識)
설(舌)	+	미(味)	=	설식(舌識)
신(身)	+	촉(觸)	=	신식(身識)
의(意)	+	법(法)	=	의식(意識)

불교에서는 생각이 일어나는 구조를 좀 더 정밀하게 설명하고 있습니다. '감각'과 '대상'이 만나야만 '생각[識]'이 생긴다고 말이죠.

즉, 생각은 혼자 툭 튀어나오는 게 아니라, 보고, 듣고, 느끼는 등의 경험이 전제될 때 일어납니다.

그렇다면 반대로, 감각이나 대상이 없으면 어떻게 될까요? 예를 들어 앞에 있던 꽃이 사라졌어요. 대상이 없으면 그 꽃을 인식하는 기능인 '눈'도 쓸모가 없어집니다. 대상이 없으니 눈도 '눈답게' 쓰이지 못하는 것이지요. 그렇게 되면 자연스레 생각도 사라집니다. 대상, 대상을 감지하는 감각, 그 둘의 만남으로 인해 생겨나는 생각, 이 세 가지 중 하나만 없어도 나머지는 존재하지 못합니다.

『대반열반경』에 이런 비유가 나옵니다.

> 태어나면서부터 맹인이었던 사람이 젖빛을 알지 못하여 다른 이에게 묻기를 '젖빛이 어떠한가?' 하였다. 다른 이가 대답하되 '젖빛은 조개와 같다' 하였다. 소경이 다시 묻기를 '그러면 젖빛이 조개 소리 같은가?' 하니 다른 이가 '아니다'라고 대답하였다. 소경이 다시 묻기를 '조개 빛이 어떤가?' 하니 다른 이가 대답하기를 '쌀가루 같다' 하였다. 소경이 다시 묻기를 '젖빛이 보드랍기가 쌀가루 같은가? 쌀가루는 또 어떤가?' 하니 대답하기를 '눈이 오는 것 같다' 하였다. 소경이 다시 말하기를 '쌀가루는 차기가 눈 같은가? 눈은 또 어떤가?' 하니 대답하기를 '흰 두루미와 같다'고 하였다. 맹인이 비록 네 가지 비유를 들었지만 끝끝내 젖의 진짜 빛을 알지 못하였다.
>
> - 『대반열반경』「성행품」

그는 우유의 흰색을 알 수 있었을까요? 우유는 처음부터 흰색이었지만, 흰색이라는 생각은 눈의 작용이 없으면 생겨날 수 없음을 분명히 설명하고 있습니다. 흰색이 있어서 흰색이라고 알게 되는 것이 아니라, 흰색과 눈이 만나야 그 가운데에서 '희구나'라는 생각이 일어난다는 겁니다. 우리가 느끼는 모든 세상은 그것을 마주하는 감각과 그 사이에서 생겨나는 생각까지, 그 모두가 모여야 드러납니다. 반대로 세상과 감각, 그리고 생각 가운데 한 가지만 사라져도 두 가지 역시 모두 사라지니, 육진과 육근, 육식은 온전한 세트로 완성되며 그것을 불교에서는 십팔계(十八界)라고 부릅니다.

따라서 생각은 감각과 대상이 만나야만 생겨나는 결과물입니다. 세 가지가 따로따로 떨어져 있는 것처럼 보이지만, 사실은 하나의 흐름 안에 있는 작용이지요. 그래서 생각을 없애기 위해 억지로 눌러 버리거나 참으려고 할 필요가 없습니다. 오히려 생각이 일어나는 구조를 이해하는 것이 생각으로부터 자유로워지는 첫걸음입니다.

명상이나 참선을 할 때, 가부좌를 틀고 앉아서 '생각을 비워야지.' 하는 분들이 많습니다. 그런데 생각의 구조를 모르면 앉아 있는 동안에도 생각이 자꾸 치고 들어와서 괴로워져요. 그래서 막연히 비우려는 노력보다는 생각이 어떻게, 왜 일어나는지를 바라보는 눈을 먼저 키워야 합니다.

결국 '생각이 어디에서 나왔는가.'라는 질문은 '부부 사이에서 태어난 아기가 엄마에게서 왔냐, 아빠에게서 왔냐.' 하는 것과 같아요. 엄마와 아빠가 만나야 아기가 태어날 수 있지, 아기가 어느 한쪽에서만 온 것은 아니지요. 생각도 세상을 바라보는 감각과 감각의 대상이 되는 세상이 만나야만 일어나기 때문에, 그 둘 중 어느 곳에서 생각이 나왔느냐고 물어본다면 대답하기 어렵습니다.

깜빡이 없이 끼어드는 생각

자, 이번에는 여러분들이 좋아하는 초콜릿을 하나 떠올려 봅시다. 눈앞에 초콜릿이 있어요. '아, 초콜릿이다!' 하고 아는 것은 바로 '식(識)'이 작동한 결과입니다. 그런데 이러한 인식이 일어나기 위해선 전제 조건이 필요합니다. 눈을 감고 있거나 컴컴한 공간이라면 초콜릿이 앞에 있어도 볼 수 없습니다. 즉, '눈[眼]'과 '대상[色]'이 만나야만 비로소 그 대상이 무엇인지 아는 '식[眼識]'이 일어나는 거지요. 앞에서 충분히 이해하셨죠? 눈과 초콜릿이 만났기 때문에 '이건 초콜릿이구나!' 하는 생각이 생겨난 겁니다. 하지만 우리는 평소에 이 과정을 거의 의식하지 못합니다. 순식간에 '달콤하겠다, 먹고 싶어.' 혹은 '먹고 싶지만 살이 찔 것 같아서 참아야겠어.'라는 생각으로 이미 달려나갔어요.

또 다른 예를 들어볼게요. 운전을 하는데 누군가가 내 앞에 깜빡이도 켜지 않고 갑자기 끼어들면 우린 어떻게 하죠? 순간적으로 빵! 하고 경적부터 울리고, 눈살이 찌푸려지고, 심지어 욕이 나오기까지 합니다. 자동차를 발견하고서 '화'가 일어나기까지 순식간에 벌어지는 일입니다. 이 과정을 좀 더 자세히 살펴볼까요?

누가 내 차 앞에 갑자기 끼어든 것을 보았다 → 사고가 일어날 것만 같다 → 경적을 울린다 → 상대방 차는 깜빡이를 켜지도 않았다 → '화'라는 감정이 일어났다 → 짜증이 났다

사실 생각이나 감정이 일어나는 과정은 이것보다 더 복잡한 여러 단계를 거치지만, 우리는 이 과정을 다 생략하고 곧장 '나는 화가 났다.'라고 느낍니다. 심지어 내가 '화' 그 자체가 되어버리기도 합니다. 조금만 더 들여다보면 눈과 대상이 만나서 하나의 생각이 일어났을 뿐인데, 마치 그 생각이 '나'인 것처럼 순식간에 빠져버리고 맙니다.

정리하면 생각은 감각과 세상이 만나야만 생겨나는 것으로, 감각에서 오는 것도, 세상에서 오는 것도 아닌 '만났을 때'만 드러나는 신기한 현상입니다. 생각은 인연이 되었을 때만 일어나는 법칙이기 때문에 연기법(緣起法)이라고 말합니다. 때로는 '환상'이라고도 표현하고요. 실제로 존재하지 않고, 감각과 세상이 만났을 때만 나에게 드러나기 때문에 진실한 것처럼 느껴지지만 사실은 가짜라는 것이죠.

그런데 우리는 하루에 수천, 수만 가지의 생각을 하면서도, 생각이 어디에서 왔는가를 고민해 본 적이 없습니다. 생각을 열심히 써먹기만 하지, 도대체 어디에서 생겨났고 어디로 흘러가는지에는 관심이 없었지요. 그래서 화가 나면, 출처도 모르는 화의 노예가 되어버립니다. 심지어 가장 사랑하는 가족 앞에서 분노의 화신이 되기도 하잖아요.

생각은 그림자 같은 것

생각 때문에 괴로운 일이 많다면, 그 생각이 도대체 어디서 왔는지를 한번쯤 따져 볼 필요가 있습니다. 불교에서는 생각에 대해 '출처(出處)도 없고, 멸처(滅處)도 없다.'라고 합니다. 어디서 생겼는지도 모르겠고, 어디로 사라졌는지도 알 수 없다는 뜻입니다.

아까 제가 '초콜릿'이라고 말하는 순간 여러분의 머릿속에 달콤하고 부드러운 초콜릿이 떠올랐을 겁니다. 그런데 잠시 후 '붕어빵'을 말하면 금세 따뜻한 붕어빵이 떠오르고, 초콜릿 생각은 흔적도 없이 사라지지요. 초콜릿은 도대체 어디로 간 걸까요? 잠시 머릿속을 점령했던 그 이미지와 감각은 지금 어디에 있나요? 알 수 없습니다. 왜냐하면 생각은 '존재'가 아니기 때문입니다. 마치 바람결처럼 스치고 지나갈 뿐, 붙잡을 수 있는 실체가 아닙니다. 주고받을 수도 없고, 손으로 만지거나 무게를 잴 수도 없습니다.

좀 더 쉽게 비유해 볼게요. 두 손을 마주쳐 박수를 칩니다. 그 순간 '짝'하고 소리가 나지요. 그 소리는 오른손에서 났을까요, 왼손에서 났을까요? 정답은 둘 다 아닙니다. 두 손이 마주친 순간, 만나는 찰나에 소리가 생겼기 때문입니다. 그런데, 방금 그 박수 소리는 지금 어디에 있나요? 벌써 사라졌습니다. 이미 사라졌어요. 생기자마자 사라진 거죠. 그리고 어디로 갔는지는 아무도 모릅니다.

생각도 마찬가지예요. 생각은 눈과 대상이 만났을 때, 다시 말해서 육근과 육진이 만나는 그 짧은 찰나에 일어나고 사라지는 사건입니다. 그런데 우리는 그 덧없는 생각을 붙잡아 인생을 설계하고,

관계를 단정 짓고, 스스로를 판단합니다. 찰나에 일어나고 사라지기에 실체가 없는 그림자일 뿐인데, 목소리에 힘을 주고, 정체성을 부여하고, 감정까지 얹어 살아가는 셈이죠. 생각을 하지 말라는 것이 아니라 생각이라는 것은 본래 근거없이 생기고 또 사라지는 것이니, 진실하다고 보는 것은 오해라는 이야기를 하고 있습니다.

'인연이 되면 생겨나고, 인연이 달라지면 사라져 버린다.' 이 말은 어떤 일이 생기려면 반드시 조건이 갖추어져야 하고, 조건이 사라지면 그 일도 함께 사라진다는 이치입니다. 생각도 조건에 따라서 일어나고 사라지기에 연기법에서 벗어날 수 없습니다.

인연 따라 일어났다가, 인연 따라 사라지는 생각은 '있던 게 사라지는 것'이 아니라 '없던 게 잠깐 드러난 것'일 뿐입니다. 그 순간에는 분명히 무엇인가를 느꼈지만, 그렇다고 해서 '진짜'라고 한다거나 '무언가가 존재한다.'라고 볼 수는 없습니다. '생각과 감정이 있다.'라는 전제에서 펼쳐지는 심리학과는 확연히 다른 지점입니다.

이 사실을 알게 되면, 생각에 끌려가지 않고 '아, 이것도 그냥 지나가는구나.' 하고 놓을 수 있게 됩니다. 그때부터 비로소 고통도 가벼워지기 시작합니다. 왜냐하면 생각의 정체를 알게 됐고, 생각은 환상과 같다는 깨달음이 시작됐기 때문입니다. 당연히 생각을 없애려는 노력도 하지 않겠지요.

지나간 걱정, 또 꺼내 먹는 버릇

생각은 머물지 않습니다. 불러오지 않아도 문득 일어나고, 붙잡으려 해도 잡히지 않지요. 방금 생겨난 것 같지만 사실은 한 찰나도 견디지 못하고 어디론가 사라져 버립니다. 우리가 매일 경험하는 일입니다. 이처럼 생각은 한순간도 고정되어 있지 않고 끊임없이 흐릅니다. 불교에서는 이것을 무상법(無常法)이라고 합니다. '항상(恒常)하지 않다.', '영원한 건 없다.'라는 뜻이에요.

그러니 어떤 생각이 떠올랐을 때 대단하게 여기지 않아도 괜찮습니다. 좋은 생각도, 나쁜 생각도 결국 사라질 것이니, '이건 정말 좋은 생각이야!', '정말 별 볼 일 없는 생각이네.' 하면서 서둘러 판단할 필요도 없습니다. 모든 생각은 사라진다는 사실을 잊지 않으면, 생각에 심각한 의미를 두지 않게 됩니다.

이런 비유가 있습니다. 어느 날 왕이 신하에게 명령합니다. "세상에서 가장 위대한 진리를 가져오너라." 며칠을 고민하던 신하는 한 문장을 들고 옵니다. "이것 또한 지나가리라." 바로 무상법을 말한 겁니다. 지금의 생각도 곧 지나가게 될 것이라는 사실을 진심으로 알게 되면, 생각에 휘둘리지 않고 그저 바라볼 수 있게 됩니다. 어떤 감정이 일어나도, 걱정이 들이닥쳐도 '그래, 이것도 잠시 머물렀다가 가겠지.' 하는 여유가 생깁니다.

한 가지 반문이 들 수도 있어요. "그런데 왜 어떤 생각은 사라지지 않고 자꾸 떠오르죠?" 예를 들어, 중요한 시험을 앞둔 학생은 밥을 먹을 때도, 잠을 잘 때도, 심지어 놀 때조차 시험 생각에 시달릴 수 있잖아요. 그럼 무상하다는 것은 거짓일까요?

사실 생각은 매 순간 사라지고 있습니다. 그러나 사라진 생각을 우리가 다시 불러내고 있을 뿐입니다. 시험에 관한 생각은 이미 떠났는데, 스스로 걱정과 불안감을 꾸역꾸역 다시 끄집어 내고 있습니다. 한 번 흘러간 걱정을 열두 번 되새기고, 서른 번 돌려보고, 백팔 번 꺼내 보는 게 우리들의 습관입니다. 그럴듯한 이유를 붙여 놓고 다시, 또다시 끌어오니 생각은 흐르지 못하고, 내 안에 머무는 것처럼 느껴지는 거죠. 그리고 우리는 그것을 '고민'이라고 부르지 않나요?

이제 흘러가는 생각을 그대로 두고, 흘러가지 않는 것이 무엇인지 공부할 때가 왔습니다. 그림이 아니라 칠판을 바라보는 수행은 여기서 시작됩니다.

변치 않는 정신 위에 별별 생각

우리는 이렇게 늘 생각 속에 살고 있습니다. 사랑할 때도, 미워할 때도, 기쁨이나 슬픔을 겪을 때도 생각 자체를 '나'라고 믿고 살아왔습니다. 하지만 곰곰이 들여다보니 생각은 언제나 흐르고 변한다는 사실을 알게 됐습니다. 그렇다면 이 흐름을 알고 있는 존재는 누구일까요?

하루는 스승과 제자가 함께 강가를 거닐고 있었습니다. 문득 걸음을 멈춘 스승은 제자에게 물었습니다. "애야, 너는 저 강물이 흘러간다는 걸 알고 있느냐?" 제자가 대답합니다. "예, 알고 있습니다.", "강물이 흐른다는 걸 어떻게 아느냐?" 제자는 잠시 생각하더니 이렇게 말합니다. "저는 지금 강둑에 멈추어 서 있고, 강물은 흘러가기 때문입니다. 만약 제가 강물과 함께 떠내려가고 있다면, 강물의 흐름을 볼 수 없을 것입니다."

이 일화가 말하는 메시지는 단순합니다. '움직이지 않는 자만이 움직임을 알 수 있다.'라는 사실입니다. 생각도 마찬가지입니다. 우리는 생각이 일어나는 것을 알고 있고, 사라지는 것 또한 알고 있습니다. 기쁨이 스쳐 가고, 슬픔이 밀려오는 걸 분명히 '누군가'가 인식하고 있지요. 생각은 변하지만, 그 변화를 알아차리는 자리는 멈춰 있었기 때문에 변화를 알 수 있었습니다. 이걸 뒤집어서 말하면, '인식하는 자'는 변하지 않고, 늘 고요한 그 자리에 머물러 있었다는 말입니다.

여기서 중대한 전환점을 만납니다. 평생 생각이 '나'인 줄 알았던 우리는, 사랑했다가 미워했다가 별별 잡동사니의 생각이 일어날 때마다 그것을 '나'라고 여겼지요. 그런데 신기하게도, 우리는 생각이 생겨나고 사라진다는 사실을 처음부터 알고 있었습니다. '생겨남과 사라짐의 변화를 아는 놈이 있다. 그리고 이 변화를 아는 놈은 변하지 않는 존재다.' 이건 아주 중요한 포인트입니다.

'나'는 생각이 아닙니다. '나'는 생각을 바라보는 자, 생각이 일어났다가 사라지는 것을 아는 자였습니다. 칠판에 코끼리 그림을 그리면 대부분의 사람들은 눈에 보이는 것으로 코끼리만을 말하지만, 사실 우리는 코끼리가 그려진 칠판도 함께 보고 있었죠. 그리고 그림을 지우고 난 후에도 칠판은 변하지 않는다는 사실도 알고 있었습니다. 코끼리 그림만 보느라 칠판의 존재를 잊었던 것처럼, 우리는 생각에만 주의를 기울이느라 생각의 일어남과 사라짐을 아는 그

것, 곧 정신에 관심을 두지 않았습니다.

사실 불교에서는 정신이라는 단어를 잘 쓰지 않아요. 대신 '각(覺)'이라는 한자를 씁니다. 깨달음이란 뜻이지요. 그런데 깨달음이라고 하니, 의문이 듭니다. 코끼리를 보고서 '코끼리구나!' 하고 아는 것도 깨달음이 아닐까요? 결론부터 말하자면, 아닙니다. 그건 단지 생각, 즉 식(識)의 작용입니다. 〈불교심리학〉에서 말하는 정신은 생각이 일어나기 이전의 바탕, 예컨대 칠판 자체를 뜻합니다. 정신으로서의 깨달음은 단순한 생각[識]이 아니라, 생각이 일어나기 전의 본래 바탕이라는 점을 기억해야 합니다.

온 세상이 설탕으로 이루어진 설탕 나라를 상상해 보세요. 자동차도, 집도, 사람도 모두 설탕으로 만들어졌다면, 무엇을 먹든 다 달콤하겠지요. 설탕이라는 본질이 같기 때문입니다. 마찬가지로 우리가 하는 모든 생각은 정신이라는 바탕에서 일어나므로, 본질적으로는 같은 맛, '깨달음[覺]의 맛'을 지닙니다.

또 이런 일화가 있습니다. 태조 이성계가 무학 대사에게 말했습니다. "대사, 대사 얼굴이 꼭 돼지처럼 생겼소이다." 그러자 무학 대사가 이렇게 대답했습니다. "전하는 꼭 부처님 같으십니다." 그리고 이어진 무학 대사의 말은 지금까지도 많은 이들이 기억하고 있습니다. "부처님 눈에는 부처님만 보이고, 돼지 눈에는 돼지만 보이는 법입니다." 우리가 어떤 안목으로 보느냐에 따라 세상이 달라진다는 이야기입니다. 안목이 달라지면 똑같은 것을 보고도 깨달음의 결이 달라집니다. 칠판을 볼 줄 아는 이에게는 세상이 평화롭고 아름답게 느껴지겠지만, 그림만 보는 자에게는 고통과 괴로움의 세계만 펼쳐지겠지요. 똑같은 깨달음의 맛이지만, 이렇게나 달라진다는 이야기예요.

파도는 바다 위에서만 일어납니다. 파도를 따로 떼어 보면 결국 바닷물이에요. 그리고 파도의 모양은 제각각이지만 맛은 하나, 짠맛입니다. 왜냐하면 모든 파도는 바다에서 나오기 때문입니다. 생각도 같습니다. 우리의 생각은 정신이라는 바다에서 잠시 일어났다가 사라지는 파도일 뿐입니다. 아무리 생각의 모양이 달라도, 생각이 일어난 바탕은 동일합니다. 그것이 바로 정신, 곧 깨달음의 자리입니다.

지금까지 생각과 정신의 관계를 설명했습니다. 그동안 우리는 생각을 '나'라고 여겼지만, 본래 우리의 바탕은 정신에 있었습니다. 변화하는 생각을 '나'로 삼았기에 늘 흔들리고 불안했지요. 하지만 모든 것이 변하는 가운데서 변하지 않고 늘 고요히 지켜보는 자리[覺]가 있습니다. 우리가 본래 갖추고 있어 언제든지 돌아가 쉬고 의지할 수 있는 그 자리, 바로 정신입니다.

2. 기억이 만든 마음을 '나'라고 착각한다

기억은 쓰레기통이다

우리 머릿속엔 아주 특별한 주머니가 하나 있습니다. 저는 그 주머니를 기억의 주머니라고 부르기로 했습니다. 일어난 생각이 흔적도 없이 사라지면 좋을 텐데, 생각은 사라지면서 동시에 기억의 주머니에 흔적을 남깁니다.

제 기억의 주머니에는 어릴 적 새우깡을 몰래 훔쳐 먹은 것도 들어 있네요. 어머니께 혼났던 기억, 친구들과 물놀이했던 기억, 누군가에게 상처받았던 기억도 모두 들어 있습니다. 그런데 이 주머니가 가진 심각한 문제는 좋은 생각이든 나쁜 생각이든 가리지 않고 다 받아들인다는 점이에요. 하루 동안 어떤 생각을 했든지 간에 죄다 기억의 주머니 속으로 쏙쏙 저장됩니다. 필터링 기능이 없는 '자동 저장 장치'인 셈이죠. 그래서 제 스승님께서는 기억의 주머니를 두고 쓰레기통이라고 표현하셨습니다. 나쁘다는 건 아니에요. 뭐든지 구분하지 않고 다 담기 때문에 붙여진 별명입니다.

그러니 '좋은 기억만 넣어야지.' 하고 노력을 해도 그럴 수가 없습니다. 이 주머니 안에 무엇이 들어가 있는 줄도 모르고 살다가, 어느 날 툭 튀어나온 어떤 기억 하나에 꽉 막혀 살게 됩니다. 그럴 땐 마치 기억이 '나'인 줄 알고 거기에 매달려서 끌려다니기도 하고요. 그래서 나쁜 기억이 저장되면 벗어나기가 참 힘이 듭니다.

기억 속 유령과 함께 사는 우리

생각은 한 찰나도 머물지 않고 과거로 사라지는데, 사라지는 생각의 모임을 '기억'이라고 했습니다. 하루, 이틀이 아니라 수십 년간 쌓이고 쌓인 생각들로 기억의 주머니는 점점 볼록해집니다. 마음

[心]이 바로 이 주머니입니다. 다시 말하면, 마음은 기억의 집합체입니다. 유리병에 무엇을 담느냐에 따라서 물병이나 꽃병이 되듯이, 밝고 따뜻한 기억이 담겼다면 따뜻한 마음이라 하고, 기억이 온통 원망과 후회로 얼룩져 있다면 냉소적이고 우울한 마음이 됩니다. 어떤 기억이 담기느냐에 따라서 마음에 붙는 이름표가 달라집니다.

그런데 문제는 이 마음을 '나'라고 착각하는 데서 일어납니다. '나는 소심해요.', '나는 예민한 사람이에요.', '나에게는 이런 트라우마가 있어요.'라면서 마음을 통째로 '나'라고 인식해 버립니다. 기억의 주머니에 담긴 몇 가지 내용일 뿐인데도, 이 마음을 마치 자신의 정체성인 것처럼 받아들이게 됩니다.

여기서 한 가지 중요한 사실을 짚고 넘어가야 합니다. 기억은 원래부터 있었던 게 아니라 나중에 생겨난 것들입니다. 한번 생각해보세요. 자기소개를 할 때 대부분 "제 이름은 ○○이고요, △△에서 태어났고요, 취미는 책 읽기입니다. 여행 가는 것을 좋아해요."라는 식으로 이야기합니다. 그런데 이 내용은 전부 과거에 일어난 일들이잖아요. 본래부터 있었던 게 아니라 과거에 경험했던 일들을 끌어와서 자신을 소개하고 있습니다.

그렇다면 과연, 과거에 있었던 일들을 '지금의 나'라고 할 수 있을까요? 만약 '지금 이 순간'을 기준으로 자신을 소개한다면, 아마 할 말이 별로 없을 겁니다. 왜냐하면 우리는 본래 빈 그릇으로 태어났기 때문입니다. 그런데도 우리는 그 속에 담긴 기억들을 하나하나 꺼내서 그게 마치 '나'인 것처럼 믿고 있습니다. 자세히 들여다보면,

그 기억 중 처음부터 가지고 있었던 건 하나도 없었는데 말이죠.

『백유경』에 나오는 이야기입니다. 아내를 무척 사랑했던 한 남편이 있었는데, 어느 날 갑자기 사랑하는 아내가 세상을 떠나버렸어요. 너무 슬펐던 나머지, 이 남편은 아내의 유골을 항아리에 담아 집에 모셔 놓았다고 해요. 그리고 '사랑하는 마누라'라면서 밥을 떠먹이고, 잠잘 땐 이불도 덮어 주었고요. 여러분, 어떠세요? 저는 이 장면을 떠올리면 짠하기도 하고 마음이 아프기도 합니다. 하지만 스승님께서는 이 모습을 보면서 "죽은 사람의 뼛가루에 밥을 떠먹이는 남편의 삶이 지금 우리의 모습과 다르지 않다."라고 하셨습니다.

'죽은 부인'은 이미 과거로 사라진 기억을 말합니다. 지금 이 순간의 생각과 감정은 시간과 함께 생명을 잃고 기억의 주머니로 들어가 버립니다. 남편은 이미 생명력을 잃은 뼛가루, 다시 말해 과거로 사라진 기억을 끌어와서 마치 살아 있는 부인으로 대했습니다. 흔하게 듣게 되는 "내가 왕년에는 말이야." 하는 말처럼요. 어쩌면 우리도 지금 이 순간의 삶을 사는 게 아니라, 기억 속 유령과 함께 과거에 머무르며 살고 있을지도 모릅니다.

기억은 '나'가 아닙니다. 그리고 기억의 모임으로 생겨나는 마음도 '나'가 아니에요. 그럼 '나'는 누구일까요? 그 질문을 품고 있는 바로 지금 이 자리가 '나'입니다. 지나간 것, 사라진 것, 쌓인 것 말고, 바로 지금 '그렇구나' 하고 알아차리는 이 자리. 기억은 지나가서 사라졌고, 그 기억들이 마음이라는 주머니에 담겨 매일 변하는 가짜의 '나'를 만들었다는 걸 알게 될 때, 기억 속의 사연들을 '나'로 삼았던 오랜 습관에서 벗어나게 됩니다. 지금 이 자리에 깨어 있을 때 우리는 기억에서 자유로울 수 있습니다.

이름 지을 수 없는 '나'

어느 비 오는 날이었어요. 우산을 쓰고 서울 인사동을 걷고 있었습니다. 안국역에서 내려 인사동 골목길로 들어서는데, 왼편에 작은 전시장 하나가 보였습니다. 그 앞에 걸려 있는 현수막의 '백자 전시'라는 글씨가 눈에 들어왔죠. 백자, 하얀 달항아리. 사진이 정말 예뻐서 저도 모르게 전시장 안으로 발걸음이 향했습니다.

점 하나 없는 하얀 그릇, 백자에서 고요하고 고귀한 기품이 느껴졌습니다. 감탄하며 보고 있는데, 큐레이터 한 분이 다가오시더니 "스님, 우산은 밖에 꽂아두시고 들어오세요." 하시더군요. 제 우산에서 빗물이 떨어지고 있는지도 몰랐습니다. 재빨리 밖으로 나가 우산꽂이를 찾았는데, 놀랍게도 우산꽂이조차 백자였어요.

그 백자는 전시장 안에서 본 것들과 똑같았지만, 우산꽂이로 쓰이고 있었습니다. 저는 살짝 망설였어요. 안에 전시된 백자는 천만 원짜리라던데, 이건 그냥 우산꽂이라니? 큐레이터에게 물어봤습니다. "이것도 저분의 작품인가요?", "네, 작가님이 만든 겁니다.", "재료도 같고요?", "네, 같은 백자입니다. 다만, 이건 흠이 좀 있어요."

똑같은 작가, 똑같은 재료, 똑같은 백자인데, 하나는 전시관 안에서 감탄을 자아내는 예술품이고, 하나는 사람들이 무심코 우산을 꽂는 도구가 된 셈이었습니다. 그 차이는 도대체 어디에서 비롯된 걸까요? 눈을 씻고 찾아봐도 저에겐 그 '흠'이라는 게 보이질 않았는데 말입니다.

　결국 모든 것은 무엇을 담느냐에 따라 달라집니다. 같은 백자 항아리도 우산을 꽂으면 우산꽂이가 되고, 쌀을 담으면 쌀독이 되죠. 그릇의 이름은 그 안에 담긴 내용에 따라 달라질 뿐, 본래부터 정해진 이름은 없었습니다. 그래서 불가에서는 불가칭(不可稱), 즉 이름을 붙일 수 없다고 말합니다. 우리의 본래 모습을 표현한 말이기도 합니다.

　부처님께서는 어떤 존재에 대해 "이게 바로 너다."라고 말씀하지 않으셨습니다. "그것도 네가 아니다."라고만 하셨지요. 흰 항아리가 우산꽂이도, 쌀독도 될 수 있다면, 그 항아리의 진짜 이름은 무엇일까요? 없습니다. 우리도 마찬가지입니다. 기억이라는 항아리에 어떤 이야기를 담느냐에 따라, 우리의 이름, 정체성도 달라질 수밖에 없습니다.

　여러분이 기억 속에 슬픔, 괴로움, 우울함, 미움 같은 감정을 담아 두면, 그 항아리는 결국 내가 미워했던 사람과 같은 이름으로 불릴지도 모릅니다. 반대로, 아름답고 따뜻한 기억, 누군가를 사랑하고 아끼는 마음, 자비심을 담아 두면, 그 항아리를 스승이라 부를 수도 있겠지요.

　이처럼 기억의 내용에 따라 '나'라는 존재의 모습이 달라진다면, 그동안 우리가 '나'라고 알고 있던 건 과연 진짜일까요? "이게 나야."라고 말할 수 있었던 수많은 모습은 사실 모두 '나'가 아닙니다.

이게 바로 불교에서 말하는 '무아(無我)'의 뜻입니다.

그럼 질문이 생기죠. "정말로 '나'는 없는 건가요? 그럼 진짜 '나'는 누구죠?" 대답은 여전히 같습니다. 무아입니다. 다만 '없다'라는 말은 단순히 공허함이나 부재를 뜻하지 않습니다. 그동안 집착해 온 모습들이 '나'가 아니라는 뜻이지, 아무것도 없다는 의미는 아니에요.

그래서 이렇게도 볼 수 있습니다. '내가 없다.'라는 말 대신, '이름 붙일 수 없는 나', '어떤 기억도 닿지 않고, 어떤 어리석음에도 물들지 않은 나', '모든 생각이 생겨나고 사라지고 있음을 알고 있는 투명한 나'. 그 '없는 나'가 바로 '진짜 나'입니다. 불교에서는 이를 '불성(佛性)' 혹은 '본래면목(本來面目)'이라 부르지만, 그 말들 역시 이름일 뿐이에요. 이름을 붙이는 순간 '진짜'에서 멀어지고 맙니다. 그렇지만 우리에겐 설명할 수 있는 수단이 언어밖에 없으니, 불가피하게 이름을 빌려 표현할 뿐입니다.

3. 지나간 기억의 지배를 받는 견해

내 귀에 '욕' 내뱉기

어떤 분이 언니와 함께 장을 보러 갔답니다. 짐이 많아서 어떻게 해야 하나 고민하는데, 때마침 택시 한 대가 오더래요. 택시를 잡으려고 손을 흔들었습니다. 그런데 짐이 많은 걸 보셨는지 기사님은 그냥 쌩~ 하고 지나가 버렸답니다. 많이 화가 난 언니는 멀어지는 택시를 향해 "지옥 불에나 떨어져라!" 하고 욕을 했대요. 그 모습을 지켜보았던 동생이 제게 걱정스러운 투로 말했습니다. "스님, 저는 그 택시 기사보다 옆에서 욕을 내뱉은 언니가 지옥 불에 떨어질까 봐 더 걱정됐어요."

누군가에게 욕을 했을 때, 그 소리를 가장 먼저 듣는 귀는 누구의 귀일까요? 맞습니다. 바로 자기 자신의 귀입니다. 아무리 머리가 커도 내 입과 내 귀 사이는 한 뼘도 채 안 되지요. 그러니까, 내가 한 욕설은 이 우주에서 내가 가장 먼저 듣고, 내 기억에 가장 먼저 저장됩니다.

"지옥 불에나 떨어져라!"라는 그 한마디가 입에서 나오는 순간, 그 말은 자신의 마음속에 하나의 기억으로 저장됩니다. 그리고 그 기억은 기분 나빴던 '나', 화를 냈던 '나', 욕을 했던 '나'를 만들며 마음 전체로 작동하게 됩니다.

'욕하지 마라.', '바른 말 해라.'라는 부처님의 가르침은 단순히 윤리적인 의미만을 가리키진 않습니다. '네가 뱉은 욕은 가장 먼저 네 귀로 들어간다. 그 욕이 너의 기억이 되고, 그 기억이 너의 견해가 되니, 결국 너는 쓰레기통 같은 기억을 통해 세상을 바라보게 될 것이다.' 하는 매우 불편한 원리도 포함됩니다. '욕을 삼가라.'는 것은 '남에게 상처 주지 말라.'라는 의미를 넘어서, 자신의 견해와 기억을 맑게 하는 또 다른 방향의 가르침이라고 할 수 있습니다.

기억의 필터를 걷어 내는 방법

생각[識]이 기억으로 저장되면서, 그 기억들이 모여 마음[心]이라는 기억의 주머니를 만든다고 했습니다. 그리고 우리는 그 마음을 '나'라고 착각하며 살아간다고 했지요. 그런데 기억의 맞은편에 엄청난 능력을 가진 친구가 하나 있습니다. 바로 '견해'입니다. 기억은 마음의 내용을 결정할 뿐 아니라, 세상을 바라보는 시각에도 영향을 줍니다.

제가 초등학교 5학년 때, 남자 담임 선생님의 코 밑에는 큰 점이 있었습니다. 짓궂은 아이들이 선생님 몰래 별명을 지었는데 바로 '코미테 선생님'이었어요. 그런데 그 선생님은 매주 월요일마다 아침 6시에 학교에 나오셔서 교실에 있는 수십 장의 창문에 시(詩)를 적으셨습니다. 지난주에 적어 놓았던 시를 걸레로 깨끗이 지우시고는, 아무도 없는 교실에서 물감과 작은 붓을 들고 창문마다 아름다운 시를 써 놓으셨습니다. 의자를 밟고 올라가 깨끗한 유리창에 한 글자씩 시를 적으시던 그분의 뒷모습을 지금도 잊지 못합니다. 코미테 선생님은 제게 낭만적인 분으로 기억에 남아 있습니다. 그리고 놀랍게도 이제는 얼굴에 점이 있는 사람만 만나면 그 선생님이 떠오릅니다. 유리창에 적힌 시도 떠오릅니다. 저에게는 '점'이 점으로만 보이는 게 아니라 '시'가 되어 다가왔습니다.

어떤가요? 왜 저는 얼굴에 있는 점을 보면 시가 떠오를까요? 바로 기억은 견해를 바꾸는 힘이 있기 때문입니다. 다시 말하면 견해는 기억의 지배를 받는다는 뜻이기도 합니다. 그렇다면 우리의 견해는 과연 이 세상을 있는 그대로 바라보고 있다고 확신할 수 있을까요?

친구를 대하든, 직장 동료를 대하든 상대방을 있는 그대로 바라보는 건 쉽지 않습니다. 과거에 함께한 경험, 추억, 사연들을 바탕으로 그를 바라보기 때문입니다. 그러나 처음 접하는 물건, 처음 듣는 소리, 처음 느끼는 감정에 대해 명확하게 설명하지 못했던 적도 있을 겁니다. 그것과 관련된 기억이 없기 때문입니다.

기억을 통해 견해가 형성되고, 그 견해는 다시 기억의 주머니로 들어갑니다. 그리고 그 기억은 또 새로운 견해를 만듭니다. 이 과정을 우리는 하루에도 수없이 반복합니다. 지금 이 순간을 사는 것 같지만, 사실은 과거에 쌓인 기억과 견해의 필터를 통과한 나만의 화면을 보고 있는 셈입니다.

그럼 우리는 계속해서 과거의 기억에 끌려다니기만 해야 할까요? 물론 아닙니다. 불교에서는 "전생을 알고 싶으면 지금을 보아라."라고 합니다. 지금의 견해를 보면 그 사람이 어떤 식으로 기억했는지를 알 수 있습니다. 지금 누군가를 미워하고 있다면, 그 미움은 과거에 상대방에게서 상처받았던 기억이 살아난 것일 수 있습니다. 반대로 말하면, 기억이 바뀌면 견해도 바뀔 수 있다는 겁니다. 어떤 대상을 보며 아름답게 느끼고 싶다면, 기억이 바뀌어야 합니다. 바로 이 기억과 견해의 수준을 바꾸는 과정이 교육입니다. 공부하고, 마음을 관찰하고, 새로운 경험을 쌓는 모든 과정이 기억을 바꾸는 일입니다. 기억이 바뀌면 같은 사람을 봐도 전처럼 밉지 않고, 같은 상황을 겪어도 불안하지 않습니다.

누군가가 밉게 보일 때, 미워하지 않으려고 지나치게 애쓰거나, 미워하는 자신을 벌주지 않아도 됩니다. 안 좋은 기억이 있으면 안 좋은 견해가 생겨나는 것은 당연한 이치입니다. 예전에는 그 견해를 '나'로 삼았지만, 이제는 압니다. 어떤 원리로 내가 미운 견해를 갖게 되는지 말이죠.

'아. 지금 내가 그를 미워하는 이유는 그에 대한 안 좋은 기억 때문이구나. 그런데 그때의 일은 이미 사라졌고, 지금 벌어진 게 아니잖아. 나는 기억의 장난에 속고 있어. 그 사람에 대한 내 기억 때문에 그 사람의 진심을 제대로 보지 못하고 있는지도 몰라.' 하고 얼른 깨닫는 겁니다. 나만의 견해와 나만의 기억에 속지 않는 방법입니다. 이것을 스승님께서는 "기억의 안경을 벗고 보라."라고 가르쳐주셨습니다.

그 순간 우리는 이미 수행을 하는 중입니다. 꼭 가부좌를 틀고 앉아야만 수행하는 게 아니에요. 지금 올라온 견해를 바라보고, 그 견해가 기억에 의해 생겨났음을 알아차린 순간이 바로 수행입니다. 그런 순간들은 하루에도 수없이 펼쳐질 겁니다. 수행자는 특별한 자격이 있는 사람이 아니라, 순간순간 자신을 바라볼 줄 아는 사람입니다. 기억에 휘둘리지 마세요. 견해에 끌려가지 마세요. 기억은 이미 지나가 버렸고, 견해는 그 기억의 힘으로 생겨났습니다. 지금 이 자리에서 견해와 기억의 법칙을 보고 있다면, 당신은 이미 수행자입니다.

4. 정신은 모든 것을 비추고, 세상과 나는 둘이 아니다

내가 없으면 세상도 없다

우리는 흔히 나와 세상을 둘로 나눕니다. 나는 여기 있고, 세상은 저기 있다고 생각하지요. 하지만 불교에서는 그렇게 보지 않습니다. 세상과 나는 하나이기 때문에 세상이 없으면 나도 없습니다. 세상이 사라지면 나도 사라지고, 세상이 태어나면 나도 태어납니다. 또 내가 사라지면 세상도 사라지고, 내가 태어나면 세상도 함께 태어납니다. 그게 바로 '연기법(緣起法)'입니다.

> 이것이 있으므로 저것이 있다.
> 이것이 생기므로 저것이 생긴다.
> 이것이 없으므로 저것도 없다.
> 이것이 멸하므로 저것도 멸한다.
> - 『잡아함경』「천타경」

연기법은 세상의 모든 현상을 빗대어 설명할 수 있습니다. 색깔[色]과 눈[眼]을 연기법의 정형구에 대입하면, 색깔이 있으므로 눈이 있다고 할 수 있죠. 반대로 눈이 없으면 색깔도 없습니다. 이번에는 이 구조에 기억과 견해를 대입해 봅시다. 기억이 있으므로 견해가 생기고, 견해가 있으므로 기억이 생깁니다. 새롭게 쌓인 기억을 바탕으로 또 새로운 견해가 태어납니다. 모든 게 서로 기대어 존재하는 이 법칙, 서로 연결되어 있으면서도 고정된 실체가 없다는 가르침이 바로 '연기'입니다.

이 사실을 알면 세상을 보는 눈이 달라집니다. 나와 마주하는 사람들이 괴로워하고 있다면, 나 역시 그 고통에서 자유롭지 못합니다. 반대로 주변 사람들이 밝고 환하게 웃고 있다면 내 삶도 그만큼 가볍고 따뜻해집니다. 〈불교심리학〉을 공부하면서 여러분들이 점차 자신감을 찾고 두려움에서 자유로워지고 생각의 노예에서 벗어난다면, 이 공부를 함께하는 저도 행복해집니다. '나와 세상은 둘이 아니다.'라는 이치를 관계를 통해 확인할 수 있게 되지요.

세상이 없으면 내가 없고, 내가 없어지면 세상도 없습니다. 눈을 감으면 자기 스스로 온 세상의 색깔을 사라지게 만든 겁니다. 모든 대상은 나와 하나입니다. 나의 세상이에요. 한 명 한 명이 온 세상의 주인입니다. 그렇기 때문에 내가 변화하면 세상도 바뀌게 되고, 내가 부처님의 견해를 갖는다면 온 세상은 부처님의 세상으로 펼쳐질 것입니다. 어쩌면 세상을 바꾸려는 노력보다, 세상을 구성하는 각자의 변화가 세상을 변화시키는 데 더 빠르고 지혜로운 길일지도 모릅니다. 개개인 없이 세상이 존재할 수는 없으니까요.

일어남과 사라짐을 보는 자

이제 내가 너와 함께 보는 것 가운데 어느 것이 나[我]의 체(體)이고 어느 것이 물상(物像)인가를 가리리라. 아난아. 너의 궁극이 자리이며 보는 것의 근원인 일월궁으로부터 칠금산에 이르기까지 이것은 물상이지 네가 아니다. 주위를 두루 살펴보면 비록 갖가지 빛이라 할지라도 역시 물상이지 너는 아니다. 차차로 나아가며 바라보면 구름이 피어오르고 새가 날며, 바람이 움직여 티끌이 일어나고 수(水)·목(木)·산(山)·천(川) 풀과 검불, 사람과 축생은 물상에 포함되는 것이니, 너는 아니다. 아닌아. 멀고 가까운 이 모든 것에는 모두 다 물상의 성품이 있어 비록 또 다른 차이가 나지만 보는 바 청정함은 너의 견정(見精)과 한 가지이니, 곧 모든 물상의 부류는 스스로에게 차별이 있으나 견성(見性)은 다름이 없다. 이렇게 묘하게 밝은 정기가 진실한 너의 보는 성품이다.

— 『수능엄경』 제2권

    제가 정말 좋아하는 『수능엄경』의 한 대목입니다. 부처님께서 제자 아난에게 하신 말씀이죠. 간단히 정리하자면, '너에게 보이는 모든 것은 네가 아니라 대상일 뿐이다. 너는 그 모든 차별을 그저 보고 있는 밝고 청정한 성품이다.'라고 할 수 있겠네요. 모든 것을 둘러봐도 그것은 대상일 뿐 '나'가 아니라고 설명합니다. 그리고 모든 것을 보는 그 성품은 변하지 않고 청정하니, 그것이야말로 진짜 '나'라고 말합니다.

    슬픔이 올라왔을 때, 그건 내가 아닙니다. 나는 단지 슬픔을 느끼고 있을 뿐입니다. 피곤함이 몰려와도 마찬가지예요. 피곤함이 경험될 뿐, 내가 '피곤함' 그 자체는 아닙니다. 나는 생각, 감정, 상태가 아니라, 그것을 바라보고 있는 사람입니다. 진짜 '나'는 행복도 불행도 아닌 그것을 깨닫고 보고 있는 존재, 행복과 불행을 초월한 존재입니다. 경전에서는 이를 견성(見性), 즉 '보는 성품'이라고 불렀고, 저는 여러분께 '정신'이라는 오늘의 언어로 바꿔 설명했습니다.

봄이 되면 미세먼지가 가득 차서 세상이 온통 뿌옇게 보이지요. 하지만 아무리 미세먼지가 많아도 허공은 변하지 않습니다. 허공은 그대로 있습니다. 우리가 평소에 허공을 느끼지 못하는 이유는, 허공은 변하지 않고 항상 그 자리에 있기 때문입니다.

정신도 마찬가지입니다. 수많은 고민과 생각이 떠다녀도 그 바탕에는 늘 변함없는 정신, 청정한 자리, 깨달음의 자리가 있습니다. 불교에서는 이 정신을 '부처'라고 부릅니다. 그러나 우리는 이 위대한 능력을 자주 자기 자신을 괴롭히는 데 쓰고 있습니다.

"좋은 생각만 하세요."라는 말, 불교에서는 잘 하지 않습니다. 왜냐하면 내게는 좋은 생각이었던 게 누군가에게는 고통스러울 수 있기 때문입니다. 하지만 수행자라면 좋은 생각이 일어나든 나쁜 생각이 일어나든 다 괜찮습니다. 슬퍼도 괜찮고, 짜증이 나도 괜찮습니다. 어차피 생각은 세상을 마주할 때마다 근거 없이 일어났다가, 근거 없이 사라질 테니까요. 다만 그 모든 것을 '나'로 삼지 않을 뿐, 애써서 없애려고 하거나 억지로 붙잡으려고 하지 않습니다. 나에게 느껴지는 모든 생각과 감정이 내가 아님을 알고 바라보는 자리, 정신의 자리를 놓치지 않는 게 수행이고 자유입니다.

슬픔, 기쁨, 불안, 분노, 고요함, 희열…. 이 모든 생각과 감정은 정신이라는 허공 위에 잠시 떠 있는 미세먼지 같은 것들입니다. 존재라고 말하기조차 어려울 만큼 찰나에 사라져 버리는 것들입니다. 하지만 우리는 그 모든 것을 만들어 내고, 경험하고, 알아차리고, 떠나보낼 수 있는 존재입니다. 그 자리는 망가지거나 깨질 수 없고, 더러워질 수도 없습니다.

그 자리는 모든 것을 초월해 있으니 슬픔도 정신의 능력이고, 짜증도 깨달음의 흔적입니다. 모든 것이 생겨나고 사라짐을 알고 보는 자, 그것이 바로 진짜 '나'입니다.

천천히 그러나 반드시 바뀐다

머리로는 조금 이해가 되는데, 실제 생활 속에서 마음을 바꾸는 일은 쉽지 않습니다. 미워하던 사람을 여전히 미움으로 바라보는 게 더 편할 때도 있습니다. 분명히 진실을 알았는데도 자꾸 과거의 익숙한 견해로 되돌아가려는 얄미운 힘이 작용합니다.

어릴 적 아버지를 여의고 다른 사람을 아버지라고 믿으며 살아온 아이가 있었습니다. 그렇게 수십 년을 살던 어느 날, 형이라 불렀던 그 사람이 자신의 친아버지였다는 사실을 알게 됩니다. 머리로는 이해가 되죠. 하지만 그 사람을 곧장 아버지라고 부를 수 있을까요? 진실을 알았다고 해서 곧바로 마음이 바뀌고 행동이 바뀌는 건 아닙니다.

그 이유는 단순합니다. 기억과 습관 때문입니다. 오랜 세월 동안 형이라 부르며 살아온 기억, 수천 번 반복된 언어와 저 깊은 곳에 습관으로 새겨진 인식이 자리하고 있었던 겁니다. 이미 굳어진 견해는 쉽게 바뀌지 않습니다. 행동이 바뀌려면, 마음이 완전히 새로운 진실을 받아들이기까지 충분한 시간과 반복적인 확인이 필요합니다. 쉽게 말해 새로운 견해가 생기려면 아주 많은 양의 새로운 기억이 저장되어야 합니다. 진실을 알게 된 시간이 고작 한 시간이라면, 거짓을 진실로 믿고 살아온 시간은 수십 년이었을 겁니다. 이 두 기억의 양은 비교조차 되지 않습니다.

불교의 유식학(唯識學)에서는 이와 같은 기억의 구조를 '여덟 가지 식(識)'으로 설명합니다.

전5식 (前五識)	육진과 육근이 만나 드러나는 찰나적 인식. '보인다', '들린다', '냄새 난다', '맛이 난다', '만져진다' 등 '지금'을 인식하는 능력.
제6식 의식(意識)	전5식을 바탕으로 정해지는 이름. (예: 동그랗고 빨간 모양에 향기롭고 달고 새콤한 맛을 가진 과일은 '사과'라고 한다.)
제7식 말나식(末那識)	6식이 즉시 기억으로 바뀐 상태. 학습을 통한 지식이 이에 해당한다.
제8식 아뢰야식(阿賴耶識)	7식이 모여 이루게 되는 감정. 잠재의식이라고도 하며, 폭발하는 감정들은 모두 여기에서 비롯된다.

간단히 말하면, 다섯 가지 감각으로 보고 듣고 느꼈던 것들과 생각하고 판단했던 모든 것들이 제7식 말나식이라는 기억의 주머니에 저장되고, 그 주머니의 기억이 쌓여 이성으로는 통제할 수 없는

거대한 힘인 제8식 아뢰야식을 이룹니다. 경전에서는 아뢰야식을 '폭류(暴流)'라고 부르며, 감당할 수 없을 만큼 거센 흐름의 작용을 일으킨다고 했습니다.

저희 절에는 무량이라는 삽살개가 있었습니다. 유기견으로 떠돌다 스님들 곁으로 스스로 들어와 몇 년을 함께 지냈는데도, 여전히 작은 나뭇가지를 집어 들면 깜짝 놀라 도망갑니다. 길에 떨어진 짧은 끈만 주워도 벌벌 떱니다. 앞에서 설명한 견해와 기억의 법칙을 떠올려 보면, 무량이가 왜 그렇게 이해할 수 없는 행동을 하는지 금세 알 수 있을 겁니다.

무량이가 스님들과 인연 맺은 뒤로는 어느 스님도 무량이를 때린 적이 없습니다. 그럼에도 불구하고 막대기와 끈을 보면 무량이는 두려움에 휩싸였습니다. 이유는 하나입니다. 무량이의 과거 기억 속에 끈에 묶이고, 막대기로 맞았던 고통스러운 경험이 깊이 각인되어 있기 때문입니다. 그 기억이 '막대기와 끈=공포'라는 견해를 자동으로 일으키는 것이죠. 견해와 기억의 법칙은 강아지라도 예외를 두지 않으니까요. 무량이는 스님들이 자신을 해치지 않을 거라 믿으면서도, 기억의 힘에 지배받아 자기도 모르게 도망쳤습니다. 이것이 바로 제8식 아뢰야식의 강력한 작용입니다.

이처럼 우리 마음에도 아주 오랜 시간 동안 거짓을 진실로 믿어 온 기억이 쌓이고 쌓여 아뢰야식으로 저장되어 있습니다. 그래서 우리는 무의식적으로 그리고 반복적으로 같은 행위를 할 수밖에 없습니다. 지금 이 순간에도 아뢰야식은 쉬지 않고 작동하고 있으니,

생각이 내가 아니라는 것을 배웠고, 생각은 찰나에 과거로 사라진 다는 사실을 알고 있음에도 견해가 쉽게 바뀌지 못하는 겁니다. 그래서 시간과 노력이 필요합니다. 자꾸 상기해야 합니다. 잘못된 기억에 의해 잘못된 견해가 생겼듯, 그 법칙을 거꾸로 활용하는 겁니다. 올바른 견해의 옷을 입은 새로운 기억을 반복해 담으면, 기억의 주머니 속 내용은 천천히 그러나 반드시 바뀝니다.

변하니까 자유롭다

삶에 큰 영향을 미치는 것 가운데 한 가지가 '가치관'입니다. 인생의 방향을 결정하는 매우 중요한 요소이지요. 그리고 강의 중에 자주 받는 질문의 단골 소재이기도 합니다.

가치관은 옳음과 그름, 즉 호불호(好不好)와 직결됩니다. '이건 맞고, 이건 틀려.' 혹은 '이건 좋고, 이건 나빠.'라는 기준을 세우면서 자신만의 가치관을 정립합니다. 이 가치관은 감정에도 영향을 미치지요. '내가 옳다고 생각했던 대로 살지 못하면 어떻게 하나.' 혹은 '저 사람은 내 생각과 맞지 않아.' 하는 의심과 판단이 드는 순간 불안과 두려움 등을 느끼게 됩니다.

가치관에 대해 좀 더 살펴볼까요? 기억이 모인 주머니를 마음이라고 했습니다. 좋아요, 그릇이라고 불러도 괜찮습니다. 그리고 매 순간 그 그릇에 들어가는 기억은 달라진다고 했지요. 그렇다면 그릇의 이름도 계속해서 바뀔 겁니다. 변화할 거예요. 그릇에 쓰레기가 꽉 차 있어서 쓰레기통이었는데, 그 쓰레기를 비우고 깨끗하게 씻어 꽃을 꽂으면 꽃병이 될 수도 있잖아요.

마찬가지로 '맞다, 틀리다.'라는 판단 기준을 붙잡아 세운 나만의 가치관은 영원하지 않습니다. 배움을 통해 기억의 주머니, 기억의 그릇에 들어가는 내용이 바뀐다면 가치관 또한 변하기 마련이니까요. 매 순간 우리의 기억이 바뀌기 때문에, 그 기억에서 비롯된 견해와 가치관도 사실은 날마다 달라지고 있습니다. 바로 여기에도 항상함이 없이 변화하는 법칙, 무상법(無常法)이 적용되고 있습니다.

그래서 '옳고 그름은 없다.'라는 것이 불교의 가르침입니다. '나의 견해와 기준은 항상 변하고, 앞으로도 변할 것이다. 그리고 언제나 상대적이다.'라는 사실을 아는 수행자는 모든 이를 품을 수 있습니다. 나와 생각이 다르다고 미워하지 않고, 옹졸해지지 않습니다. 그리고 자신이 옳다고 여겼던 것들을 반드시 지켜야 한다는 고집을 부리지 않으니 오히려 자유롭습니다.

마음이라는 이 그릇에는 원래 붙여진 이름이 없었습니다. 세상이 정한 가치관, 내가 정한 가치관을 절대적으로 믿지 마세요. 눈치 보지 않아도 됩니다. '나'와 '세상'은 반드시 변합니다.

◆ 여기서 멈추지 말고, 부록 〈내 마음 관찰 노트〉 272쪽에서 조금 더 깊이 내 마음을 들여다보세요.

4
[작동 매뉴얼②]

생각은 흐르니 그냥 내버려두세요

생각을 통제하려 들지 말고, 그것이 곧 사라진다는 사실을 믿고, 생각을 바라보는 자리에 서야 합니다. 생각을 '나'로 삼으면 생각에서 결코 벗어날 수 없습니다. 무엇을 '나'라고 믿고 있는지를 살펴보는 일은 삶의 질을 높이고, 인생의 방향을 결정하는 데 상상 이상으로 중요한 역할을 합니다.

생각은 어디에서 나왔나

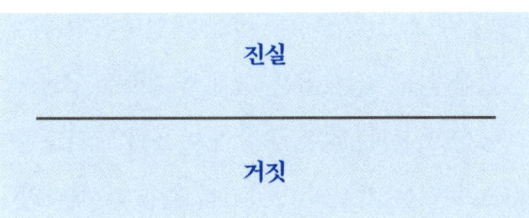

 진실이란 무엇일까요? 여기에 선 하나를 그은 후 선 위를 진실의 영역이라고 가정한다면, 아래쪽은 거짓의 영역이라고 할 수 있겠지요. 물론 현실에서는 선 하나로 진실과 거짓의 경계를 분명히 구분할 수 없습니다. 만약 진실과 거짓을 칼로 무 자르듯 나눌 수 있었다면 세상이 이렇게 복잡하지는 않았을 거예요.

 저는 거짓의 영역에서 진실의 영역으로 한없이 다가가고 있습니다. 여러분과 함께 최선을 다해 진실의 선에 닿으려고 노력하고 있습니다. 하지만 말은 말일 뿐, 결코 진실에 닿을 수 없기에 불교에서는 그것을 언어도단(言語道斷)의 자리, 언어의 길이 끊어진 경지라고 표현합니다.

반면에 이런 말도 있습니다. "진실은 거짓으로밖에 말할 수 없다." 예전에 스승님께서 하신 말씀입니다. 참된 것을 드러내려면, 그 참됨을 설명할 길이 없기 때문에 어쩔 수 없이 말을 빌려야 하고, 그 말은 결국 거짓의 영역에 속한다는 겁니다.

제가 강의하는 모든 내용도 그와 같습니다. 아무리 생각과 견해, 기억을 설명해도 보이지 않는 우리의 정신을 분석하기 위해 '말'을 사용하고 있을 뿐입니다. 〈불교심리학〉을 강의하며 매순간 제가 느끼는 딜레마가 바로 그것입니다. 진실을 설명하기 위해 끊임없이 다양한 거짓말을 하고 있는 기분. 그래서 때때로 '스승님께서는 얼마나 답답하셨을까.' 하는 작은 공감의 마음이 일기도 합니다. 그럼에도 불구하고 우리는 거짓의 이야기를 조금 더 해나가야 할 것 같습니다.

이번에 나눌 주제는 마음이 작동하는 과정에서 생각의 탄생을 다룹니다. 과연 생각은 어디에서 비롯되었을까요? 대부분은 '마음에서 생각이 나왔다.'라고 대답합니다. 누구나 할 수 있는 말이지요. 그런데 이 질문을 던진 이유는 그 당연함을 흔들어 조금 자세히 들여다보기 위해서입니다. 보이지도 않는 생각의 탄생을 말과 그림, 글로 표현해야 하는 것이 쉽지만은 않지만 모두 자세히 들어주세요.

1. 내 생각은 머물지 않는다

생각 이전의 자리, 무념(無念)

박수 소리를 예로 들어 볼까요? 손뼉을 치기 전까지 박수 소리는 없습니다. 그런데 손뼉이 마주치는 순간 '짝' 하고 소리가 납니다. 소리는 손바닥에 들어 있던 게 아니라, 두 손바닥이 만났을 때 비로소 드러난다고 했습니다. 이것을 연기법과 연결 지어서 설명했지요. 그렇다면 연기법에 의해 생겨난 '소리'라는 현상은 과연 어디에서 온 것일까요? 분명히 오른손, 왼손 어디에도 박수 소리는 들어 있지 않았습니다. 이 이치를 '소리는 소리 없는 데서 온다.'라고 표현합니다.

생각도 마찬가지입니다. 생각이 어디에서 나오느냐고 묻는다면 "생각이 없는 데서 생각이 나온다."라고 대답할 수밖에 없습니다. 그럼 도대체 '없는 곳'이란 어디일까요?

불교에서는 그 자리를 무념(無念)이라고 부릅니다. 무념은 '생각이 일어나기 이전의 자리'이기 때문에 사실 말로 표현할 수 없습니다. 말로 설명하는 순간 이미 생각이 돼 버려 무념이 아니고, 이름을 붙이는 순간 이미 이름이 돼 버려 이름 이전의 자리가 아닙니다. 결국 어떤 방식으로 설명해도 생각 이전의 자리를 제대로 표현할 수 없고, 설명하려는 순간 무념은 이미 사라져 버립니다.

무념을 진실이라고 한다면, 생각은 거짓입니다. 진실을 말한다고 하면서도 우리는 결국 거짓을 사용하고 있었던 거지요. 제가 앞서 말한 것처럼 '진실의 선에 닿으려 최선을 다하지만, 우리는 결국 거짓의 영역에 머물 수밖에 없다.'라는 뜻이 바로 이겁니다.

여기서는 다만, 생각을 비롯한 모든 현상은 그것이 없는 자리에서 나왔다는 사실만 간단히 짚고 넘어가겠습니다. 무념으로 들어가려는 노력은 잠시 미루어 두세요.

혹시 '생각으로는 진실에 닿을 수 없다.'라는 말이 실망스럽게 들리시나요? 낙심하지 않으셔도 됩니다. 〈불교심리학〉을 공부하다 보면 어느 순간 "아, 이걸 말한 거구나!" 하고 무릎을 치는 때가 분명히 옵니다. 생각을 떠나 있던 그 자리를 문득 알아차리는 순간이 있어요. 출가한 스님이나 특별한 사람만이 느끼는 것이 아닙니다. 한 번도 가 보지 못했던 길에 대해 설명을 듣는다고 해서 곧장 알게 되는 것은 아닙니다. 그러나 끊임없는 노력과 부지런함 속에서 어느 순간 그 길을 발견하는 힘이 생깁니다. 반복되는 기억의 힘을 믿으시기 바랍니다.

소화기는 불이 나기 전에 사용법을 익혀야 하고, 수영도 물에 빠지기 전에 배워야 합니다. 불이 난 뒤에 소화기 사용법을 배운다면 이미 늦었고, 물에 빠지고 나서 수영을 배우려 한다면 생명이 위태롭습니다. 생각도 마찬가지입니다. 생각 때문에 고통을 겪고 생각의 늪에 빠져 지치기 전에, 생각이란 무엇인지, 그 생각이 어디에서 비롯되는지를 먼저 살펴야 합니다. 그래야만 생각으로부터 자유로워질 수 있습니다.

이제부터는 생각이 어떻게 흘러나오고, 또 어떻게 흘러가는지를 함께 살펴보겠습니다. 생각은 물처럼 흐르고, 바람처럼 지나갑니다. 게다가 생각이 나온 자리는 '생각이 없는 자리'였습니다. 생각의 재료가 무념에 있었다는 뜻이지요. 그러니 생각이라는 것은 줄 수도, 받을 수도 없고, 갖거나 버릴 수도 없었던 겁니다. 문제는 우리가 흐르는 생각을 움켜쥐고 '이게 나다.'라고 착각해 버리는 데 있습니다. 이제부터 우리를 괴롭히는 착각을 하나씩 내려놓아 보려 합니다.

'내 생각을 존중해 줘!'

우리는 평생 생각이 무엇인지 명확하게 알지 못한 채 그것을 활용하는 법만 배워왔습니다. 그리고 생각이 일어나면 그 생각을 존중하고 배려해야 한다는 교육만 받아왔습니다. "내 생각을 무시하지 마세요." 또는 "상대방의 생각을 존중해야 합니다." 하고 말이지요. 마치 생각이라는 것이 아주 깊은 의미와 가치를 지닌 것처럼 소중하게 여겨왔습니다. 그런데 생각은 존중받아야 할 만큼 귀한 걸까요?

진짜로 생각이 중요하고 존중받아야 한다면, 생각의 올바름과 소중함을 타인에게 설득할 수 있어야 합니다. 그리고 그 생각이 어떤 원리와 과정으로 만들어졌는지를 설명할 수 있어야 하지요. "내 생각은 이런 재료와 구성, 논리를 갖추고 있으니 무시하지 마." 하며 설득할 수 있어야 합니다. 하지만 우리는 대부분 생각이 어디서 왔는지조차 모릅니다. 너무 갑자기, 뜬금없이 떠올랐기 때문입니다.

게다가 며칠만 지나도, 아니 몇 시간만 지나도 자신이 그렇게 고집했던 생각이 금세 바뀌어 버리기도 합니다. 그렇다면 또다시 바뀐 내 생각을 존중해 달라고 요구해야 할까요? 끊임없이 변하는 생각을 매번 붙잡고 받들어 모시는 게 과연 지혜로운 일일까요?

〈불교심리학〉에서 말하는 생각 다루기의 핵심은 '긍정적으로 생각하자.', '바르게 생각하자.'가 아닙니다. 그보다 훨씬 더 근본적인 이야기예요. 생각이 어떻게 만들어지는지, 그 구조가 무엇인지를 질문하며 생각이라는 기계의 부품을 잘 살펴야 합니다. 그래야만 생각 때문에 살면서 겪게 되는 아픔, 외로움, 슬픔과 같은 고통에서 벗어날 수 있기 때문입니다.

고통에 빠지기 전에 미리 공부해 두면, 막상 힘든 상황이 닥쳤을 때 훨씬 덜 흔들리고 더 단단하게 지나갈 수 있습니다. 물에 빠지고 나서 수영을 배우면 이미 늦어버린 것처럼 생각에 대한 이해도 마찬가지입니다.

'원숭이를 생각하지 마!'의 법칙

어느 날, 한 젊은 스님이 유명한 큰스님을 찾아가 제자가 되고 싶다고 말합니다. 그 말을 들은 큰스님은 잠시 생각하더니 이렇게 말합니다. "좋다. 하지만 내가 내는 숙제를 풀어와야 한다. 할 수 있겠는가?" 젊은 스님은 씩씩하게 대답했습니다. "그럼요! 스님. 무엇이든지 하겠습니다!" 큰스님은 패기 넘치는 젊은 스님에게 조용히 말합니다. "너는 오늘 집으로 돌아가 목욕하면서 절대로 원숭이 생각을 해서는 안 된다. 단 한 번도 원숭이를 떠올리지 않았다면 너를 제자로 받아 주겠다." 젊은 스님은 대수롭지 않게 여겼습니다. '뭐, 원숭이 생각만 안 하면 되잖아?' 하고 말이죠. 집으로 돌아온 제자가 욕실에 들어가자마자 문제는 시작됩니다. 수건을 들었는데 원숭이, 물을 틀었는데 원숭이, 얼굴을 문지르다가도 원숭이, 거품 속에서도 원숭이가 보입니다. '아! 안돼! 원숭이 생각을 하면 안 되잖아. 제발 원숭이를 생각하지 마!' 그렇지만 이미 원숭이는 스님의 머릿속에 털썩 자리를 잡았습니다.

이게 바로 생각의 작동 방식입니다. '잊어버려야지.', '생각하지 말아야지.', '그만 미워해야지.'라고 결심하는 순간, 대상은 더 선명하게 떠오릅니다. 생각하지 않으려 할수록 그 생각에 더 빠지게 되는 게 생각의 특징입니다.

생각에서 벗어나는 방법은 한순간에 단 하나의 생각만 할 수 있다는 법칙에서 찾을 수 있습니다. 생각은 멀티태스킹을 못합니다. 여러 가지 생각을 동시에 하는 것처럼 느껴지지만, 사실은 헤아릴 수 없을 만큼 빠른 속도로 생각과 생각 사이를 전환하고 있습니다. 따라서 다른 생각을 하는 순간 이전의 생각은 노력하지 않아도 자연스럽게 사라집니다. 우리가 알아야 할 중요한 생각의 법칙입니다.

그러니까 누군가를 미워하는 생각이 자꾸 올라올 때, '미워하지 말자.'가 아니라, 다른 생각을 하나 넣어주는 겁니다. 예를 들어 '지금 내가 숨을 쉬고 있다.'라는 아주 단순한 사실에 집중해 보는 거죠. 들어오는 숨과 나가는 숨을 바라보는 그 순간 미움은 '지금'이라는 자리를 내어줄 수밖에 없습니다. 그것도 힘들다면 밖으로 나가 누군가와 인사를 나눠 보세요. 편의점에서 아이스크림을 하나 사 먹는 것도 좋습니다. 기회가 된다면 사찰에 찾아가 스님들과 대화를 나누는 것도 추천합니다. 어느새 그 생각은 사라지고 다른 생각을 하고 있을 겁니다. 물론 자신이 다른 생각을 하고 있다는 것을 알아차리는 순간, 미움이라는 원숭이는 다시 튀어나오겠지만, 괜찮습니다. 우리에겐 생각할 수 있는 수많은 순간이 기다리고 있으니까요.

생각을 이겨내려고 억지로 싸울 필요는 없습니다. 생각은 흐르고, 잠시 머물렀다가 사라지는 손님일 뿐입니다. 우리는 손님이 머물다가 가는 걸 그저 알아차리기만 하면 됩니다.

2. 생각에 끌려가지 않는 방법

본래 자리를 훔치는 생각

불교에서는 생각을 '도적'이라 부르기도 합니다. '도적을 자식으로 삼는다.'라는 표현까지 있을 정도예요. 왜일까요? 소중한 능력이기도 한 생각을 도둑에 비유한 까닭은, 생각이 툭 튀어나오는 순간 사라지는 무언가가 있기 때문입니다. 바로 '본래 자리', 우리가 진짜로 바라봐야 할 그 자리를 생각이 훔쳐 가 버립니다.

박수를 세 번 쳐 볼까요? '짝, 짝, 짝.' 이 소리를 듣는 동안 잃어버린 게 있습니다. 바로 고요함입니다. 고요함이 있었기 때문에 박수 소리를 들을 수 있었는데, 소리가 나는 순간 우리는 그만 고요함을 잃게 됩니다. 소리가 일어나기 전에도 적막이 있었고, 소리가 사라진 뒤에도 적막은 돌아옵니다. 그러나 우리는 늘 소리에만 마음을 빼앗겨 버리지요. '없음'의 자리에 현상이 일어나는 순간, 그 현상에 사로잡히고 맙니다. 그리고 현상에 마음이 쏠리면 본래의 고요함을 잃게 됩니다.

그림으로 비유하면, 칠판에 그려진 코끼리 그림에 시선이 붙들려 칠판을 보지 못하는 것과 같습니다. 생각과 생각 이전의 자리를 몰랐을 때는 코끼리 그림만 보이지만, 그것을 알게 되는 순간 칠판도 함께 보이게 됩니다. 칠판이 없었다면 코끼리 그림도 없었겠지요. 우리는 대개 대상(색·성·향·미·촉·법)에만 집중하느라, 그 대상을 드러나게 하는 배경(정신)이 항상 우리를 따라다닌다는 사실을 잊고 지냅니다.

> 도적인 번뇌가 꺾어져 사라지면 용맹하고 강건하여 이길 가능성이 없으며.
>
> - 『유마힐소설경』「불도품」

슬픔이 떠오르면 '슬프다' 하는 생각에 빠지고, 분노가 일어나면 '화난다' 하는 생각에 잠식됩니다. 그 생각이 어디에서 나왔는지는 관심도 없이, 눈앞의 현상에만 푹 빠져드는 거죠. 부처님께서 생각은 도적이라고 말씀하신 이유입니다. 조용하고 투명한 본래 자리를 생각은 도둑처럼 훔쳐 가 버리기 때문입니다.

느껴진다고 있는 것은 아니다

박수 소리는 오른손이나 왼손에서 나온 게 아니라 두 손이 마주쳤을 때 일어난다고 했습니다. 두 손이 마주쳤을 때만 소리가 나기 때문에 엄연히 보면 '손'에서 소리가 나온 것은 아니었지요.

생각도 마찬가지입니다. 생각은 '생각이 없던 자리'에서 생겨납니다. 더 멋지게 표현하자면, 모든 생각은 무념(無念)에서 일어납니다. 여기서 '념(念)'이란 '지금 금(今)'과 '마음 심(心)'으로 이루어져, 본래는 '지금 이 순간의 마음'이라는 뜻을 담고 있습니다. 하지만 생각은 시간과 함께 과거로 사라져 버리고, 기억의 주머니 속으로 들어가 버립니다. 그러니 아무리 많은 생각이 일어나도, '지금'에 머무는 생각은 있을 수 없습니다.

따라서 '지금'은 모든 생각이 생겨나는 자리이자 사라지는 자리, 곧 무념의 자리입니다. 모든 생각은 무념에서 비롯되어 다시 그 자리로 돌아갑니다. 그래서 '지금'은 언제나 고요할 뿐입니다.

모든 생각이 무념에서 나왔다는 사실을 알아야 하는 중요한 이유가 한 가지 더 있습니다. 모든 파도는 바다에서 일어납니다. 어떤 모양의 파도라 하더라도 그 맛은 모두 바다의 맛, 짠맛입니다. 다시 말해 모든 파도의 재료는 바다였던 겁니다. 생각도 이와 같습니다. 모든 생각이 무념에서 일어났다면, 어떤 모양의 생각이라 할지라도 무념이라는 재료로 만들어졌습니다. 생각이 무념에서 비롯되었음을 설명하는 이유는 바로 '생각의 재료'가 무엇인지 알려주기 위함입니다. 이것은 백 번을 반복해도 과하지 않은 매우 중요한 화두입니다.

머릿속에서 장미꽃을 아무리 선명하게 떠올린다고 해도 그 생각을 남에게 보여 주거나, 건네지 못하는 이유도 이와 같습니다. 모든 생각의 재료는 무념이기 때문에 생각에는 모양도, 색깔도, 만져지는 감촉도 없으며, 심지어는 누군가와 공유할 수도 없습니다. 기쁨, 슬픔, 원한, 분노 등 다른 모든 감정도 마찬가지입니다. 그렇다면 그런 생각들을 과연 '있는 것'이라고 해야 할까요? 이것을 스승님께서는 "느껴진다고 있는 것은 아니다."라고 표현하셨습니다.

생각은 무념의 자리에서 일어남과 동시에 무념의 자리로 사라지는데, 우리는 그 생각을 '진짜'라고 믿습니다. 그리고 존재한다고 느낍니다. 생각이 일어났을 때 자기도 모르게 생각의 내용으로 푹 빠져버리는 이유입니다. '왜 나한테만 이런 일이 생기는 거야.', '내가 뭘 잘못했지?', '앞으로 어떻게 하지?' 하고 생각의 내용 속으로 들어가 버리면, 생각은 단순한 흐름이 아니라 고통 덩어리가 돼 버립니다. 생각의 내용에 휩쓸릴 때마다 우리가 기억해야 할 것은 생각은 없던 자리에서 왔고, 곧 그 자리로 돌아간다는 사실입니다.

한 번쯤 극장에서 공포 영화를 본 적 있지요? 무서운 장면이 나오면 사람들은 다 비슷한 반응을 보입니다. 눈을 살짝 감거나, 실눈을 뜨거나, 눈을 가린 손가락 사이로 슬쩍슬쩍 보면서 무서워하기도 하고 놀라기도 합니다. 왜 그럴까요? 그 장면이 현실처럼 느껴지기 때문입니다. 눈앞에 나타난 괴물, 귀신, 악당이 진짜처럼 느껴지거든요. 그런데 무서운 장면이 나올 때 시선을 살짝 옆으로 돌려 스크린 옆 빈 벽을 보면 어떻게 될까요? 무서움이 금세 사라집니다. '아, 이건 영화였지!' 하고 깨닫게 되거든요. 그 순간 우리는 영화 속 주인공이 아니라 다시 영화관에 앉아 있는 관객으로 돌아옵니다.

생각도 마찬가지입니다. 괴로운 생각이 올라올 때, 내용에 빠져들기보다 '생각이 일어나는 바탕'을 보려고 해보세요. 그 바탕을 보는 순간 '아! 지금, 생각이라는 영화를 보고 있었구나.' 하는 자각이 일어납니다. 그러면 '나'와 '생각'이 분리되고, 생각은 스쳐 지나가는 장면일 뿐, 자신은 생각을 바라보는 자리에 머물게 됩니다. 생각이 감정이 되고, 감정이 마음을 휘감는 건 그게 진짜라고 믿을 때 일어나는 일입니다. 하지만 생각이 생각일 뿐임을 알면 인생도 한 편의 영화처럼 바라볼 수 있습니다. 영화가 영화인 줄 알면 즐길 수 있듯, 우리는 허상을 가지고 놀 수 있게 됩니다.

앞에서 제가 말씀드렸죠. 생겨나고 사라지는 생각을 지켜보는 자리를 '무념'이라 부르지만, 이름을 붙이는 순간 그것조차도 생각이 되어 버린다고요. 그래서 무념은 설명할 수도, 붙잡을 수도 없는 자리예요. 따라서 우리는 생각으로 '생각 이전의 자리'를 느낄 수 없습니다. 불경에서 이를 불가사의(不可思議), '생각으로는 헤아릴 수 없다.'라고 말합니다.

여러분들에게 다시 질문합니다. 진정한 무념 속으로 들어가야만 생각에서 자유로워질 수 있을까요? 그렇지 않습니다. 담 너머에서 연기가 나면 굳이 담을 넘지 않아도 불이 났다는 것을 알 수 있잖아요? 생각도 마찬가지입니다. 지금 생각이 일어났다는 사실을 알면,

생각을 만들고 거두어가는 무념이 늘 함께 있었다는 것도 알게 됩니다. 이것이 '지혜'예요. 다시 말해, '생각이 있는 자리에는 항상 무념이 있었고, 번뇌가 있는 자리에도 또한 본래의 지혜가 항상 있다.'라는 가르침입니다. 이를 번뇌즉보리(煩惱卽菩提)라고 합니다.

생각은 번개처럼 재빠르게 일어나고 사라지지만, 우리는 언제나 생각을 보고 있는 자리에 있습니다. 생각은 우리를 속여 어디론가 끌고 가려 하지만, 진정한 '나'는 생각이 일어나고 사라지는 바탕, 한 번도 움직인 적이 없는 부동의 정신일 뿐입니다.

진리는 무념(無念), 삶은 인과(因果)

꿈을 꾸고 있을 때는 그게 꿈인 줄 모르고 꿈속의 사연에 빠져듭니다. 하지만 어느 순간, '아, 이게 꿈이었구나!' 하고 자각하는 찰나가 있어요. 그때부터는 무엇이든 다 할 수 있을 것 같은 자유를 느낍니다. 현실에서는 할 수 없던 일들을 꿈속에서는 마음껏 해내기도 하지요. 저는 꿈속에서 꿈이라는 것을 자각한 직후에 하늘을 마음껏 날아다녔던 기억이 납니다. 그때 누렸던 자유를 아직도 선명하게 기억합니다.

무념의 자리를 아는 사람도 마찬가지입니다. '생각은 무념에서 왔다가 무념으로 다시 사라진다.'라는 사실을 진심으로 깨달은 사람이라면, 생각이 아무리 무겁고 복잡해도 마치 꿈처럼 자유자재로 다룰 수 있게 됩니다.

그런데 실제 생활에서는 쉽지 않습니다. 생각이 사라진다는 걸 알고 있어도, 우리는 여전히 생각에 휘둘립니다. '이건 틀린 생각이야.', '그때는 그렇게 하지 말아야 했어.' 하며 어김없이 판단하고 분별하고 괴로워합니다. 왜냐하면 우리는 교육을 통해 생각의 내용을 저울질하면서 옳고 그름을 판단하는 법을 배웠고, 그렇게 해야만 현명하다고 기억해 왔기 때문입니다. '생각은 무념에서 비롯된다.'라는 이성적이고 논리적인 견해보다, 생각의 가치를 곧장 재단하는 습관, 기존의 교육과 기억으로 학습된 무조건적 반응이 앞서기 마련입니다. 이제는 기억의 힘이 얼마나 강한지 분명히 느껴지시나요?

옛날 인도에 한 논사가 있었습니다. 그가 사형 장면을 보고 이렇게 말했어요. "그건 살인이 아닙니다. 지수화풍(地水火風)으로 이루어진 몸을, 역시 지수화풍으로 이루어진 칼이 통과해 지나갔을 뿐입니다. 생사(生死)란 허상입니다." 그럴싸하지요? 하지만 이 말만 듣고 그 누가 사형을 아무 일도 아닌 것으로 넘길 수 있을까요? 얼핏 들으면 마치 어떤 행동을 하더라도 괜찮다는 뜻처럼 들리지만, 사실은 그렇지 않습니다.

예를 들어 지나가던 사람이 이유 없이 나를 때려서 기분이 몹시 상했는데도, 그때조차 '이 생각은 무념에서 온 것이야.' 하고 흔들림 없이 받아들일 수 있을까요? 행동, 말, 생각에는 반드시 결과가 따릅니다. 이를 불교에서는 인과법(因果法), 원인과 결과의 법칙이라 부릅니다. 운전 중 신호를 위반하면 사고가 나고, 누군가에게 험한 말로 상처를 주면 그 결과가 나쁜 평판이 되어 고스란히 돌아옵니다. 무념을 설명하는 것은 '무념이니까 맞아도 된다.'라며 바보같이 살라는 말이 아닙니다. 이유 없는 불이익을 받아도 꾹 참고 견디라는 답답한 가르침도 아닙니다.

진리는 무념이지만, 삶은 인과입니다. 그래서 우리는 두 가지 모두를 알아야 해요. '모든 생각은 결국 사라진다.'라는 진리를 알되, '모든 생각과 행위에는 반드시 결과가 있다.'라는 사실도 함께 알아야 합니다.

약아빠진 수행자

『백유경』에 이런 이야기가 나옵니다. 옛날 어떤 어리석은 사람이 있었는데, 안타깝게도 그는 대머리였다고 해요. 사람들이 머리카락이 없는 그를 놀리며 민머리를 나뭇가지로 계속 때렸나 봐요. 여러 번 맞으니까 어떻게 됐겠어요? 상처가 생기고 피가 나기 시작했는데, 이상하게도 그는 참기만 하고 피하거나 막지 않았답니다. 사람들이 물었습니다. "왜 피하지 않고 그렇게 맞고만 있습니까?" 그는 이렇게 대답했지요. "저 사람들이 어리석고 지혜가 없어서 내 머리를 때리는 겁니다." 그 이야기를 듣고 사람들이 웃었대요. "아니, 누가 어리석고 지혜가 없는 건지 모르겠네요. 그렇게 똑똑한 사람이 이유도 없이 얻어맞아 피를 흘리고 있나요?"

어떠세요? '모든 생각은 무념에서 나왔다가 사라진다.'라고 하니까, 누군가가 괴롭혀도 그저 당하기만 하는 사람을 지혜롭다고 말할 수 있을까요? 안타깝게도, 불교 공부를 하다 보면 종종 '모든 것이 내 탓이고, 나의 전생 업보이며, 저 사람들이 어리석은 것'이라고 합리화하는 사람들을 만나게 됩니다. 큰 손해를 보면서도 피하거나 해결하지 않고 마냥 참고 견디는 것이 올바른 수행인 것처럼 생각하는 사람들도 많았고요.

생각의 정체를 밝히는 일은 영화를 '영화'라고 알아차리는 것과 같습니다. 우리는 영화를 볼 때, 그 내용이 실제가 아니라는 사실을 분명히 알고 있습니다. 그렇다고 해서 잔인하고 불쾌하며, 욕설이 난무하는 폭력적인 영화를 굳이 반복해서 볼 필요는 없습니다. 그런 영화는 우리 기억에 어두운 그림자를 새기고, 그 기억은 다음 순간의 생각과 견해를 같은 색으로 물들일 게 분명하기 때문이죠.

지혜로운 수행자는 손해 볼 일을 하지 않습니다. 기억 속에 악한 것은 담지 않으려 노력합니다. 그리고 작은 것 하나라도 힘든 과보를 낳을 것 같은 씨앗이라면 심지 않습니다. 요리조리 도망 다니는 비겁함에서도, 바보같이 당하기만 하는 우둔함에서도 모두 벗어난 '눈 밝은 수행자'여야 합니다. 그는 모든 법칙과 진실을 잘 알기 때문에, 언제나 법칙을 거스르지 않는 편안하고 아름다운 길만을 만들어 갑니다. 저는 그들을 '약아빠진 수행자'라고 부르고 싶습니다.

가장 중요한 건, 생각은 어디에도 얽매이지 않으며 '없는 자리'에서 왔다가 그 자리로 돌아간다는 사실입니다. 그래서 아무리 괴로운 고민일지라도 시간이 지나면 결국 사라집니다. 생각에 얽매이지 않는 자유로운 시선을 가져야 합니다. 어떤 일이 생겼을 때 시간이 해결해 준다고 하는 까닭은, 시간이 흐르면 생각이 무념으로 돌아가는 구조이기 때문입니다. 하지만 이 법칙을 모르면 생각이 영원할 것처럼 집착하게 되고, 생각에 점점 더 몰입할수록 심각해집니다. 사라져 버릴 일을 심각하게 움켜쥐고 있다면 손해 보는 사람은 결국 자기 자신입니다.

3. 한 차원 더 높게 생각 다루기

수행의 시작, 엎드리는 마음

> 伏心 是道場 正觀諸法故
> 복심 시도량 정관제법고
> - 『유마힐소설경』「보살품」

'복심(伏心)'은 '엎드리는 마음'이라는 뜻입니다. 자기 생각을 주장하지 않고, 내려놓는 마음입니다. '도량(道場)'은 도를 닦는 수행의 공간을 뜻하지만, 여기서는 물리적 장소가 아니라 정신의 공간을 가리킵니다. 따라서 '복심 시도량(伏心 是道場)'이란 곧 '자기 생각을 주장하지 않고 엎드려 배우려는 마음이 올바른 도량'이라는 의미입니다. 다시 말해, 마음공부가 시작되는 자리라는 뜻이지요.

왜 엎드리는 마음이 수행의 출발점이 될까요? 자기 생각을 고집하지 않을 때, '정관제법고(正觀諸法故)', 비로소 모든 법을 있는 그대로 관(觀)할 수 있기 때문입니다.

마음이 가장 편안한 순간은 언제일까요? 주장할 것이 없고 자유로울 때입니다. 사랑해 본 사람은 압니다. 누군가를 진심으로 사랑하는 사람은 자신의 주장을 관철하기보다 상대의 마음을 더 알고 싶어 하고, 나보다 그를 더 편안하게 해 주려고 합니다. 상대의 행복이 곧 자신의 행복으로 느껴지기 때문입니다.

요즘은 누구나 "내 생각을 존중해 달라."라고 말하는 문화지만 사실 생각은 존중할 만한 게 못됩니다. 그동안 남들로부터 내 생각을 존중 받아야만 행복하다고 생각했을지 모릅니다. 하지만 자기주장과 생각을 내세우고 고집하지 않을 때 공부하는 자리가 열리며, 그때 비로소 진실을 알게 됩니다. 그 이유를 조금 더 깊이 살펴볼까요?

칠판 앞에 선 사람이 손에 든 분필을 떠올려 봅니다. 우리는 분필은 글씨를 쓰는 도구라는 사실을 압니다. '의미'로서 약속을 한 셈이지요. 하지만 그 용도를 배우지 못한 사람에게는 분필은 단지 하얀 막대일 뿐입니다. 이처럼 본래부터 그것에 들어 있는 것이 아니라, 누군가에 의해 정해지고 약속된 의미를 '법(法)'이라고 합니다. 즉, 법은 사회적 의미이자 약속입니다.

이 의미를 올바르게, 있는 그대로 받아들이기 위해서는 자기 생각을 조금 내려놓아야 할 필요가 있습니다. 자신의 주장은 기억에 의해 만들어진 견해일 뿐이고, 사람마다 기억이 다르듯 견해 역시 각각 다를 수밖에 없기 때문입니다. 내 견해를 내세우기보다 상대의 견해를 듣고자 하는 마음에서 수행이 시작되며, 그 자리가 곧 도량입니다. 입과 귀는 동시에 열릴 수가 없습니다. 듣고 있을 때는 말하지 못하고, 말하고 있을 때는 들을 수 없습니다. 말하기를 멈추고 경청하는 자세가 '엎드리는 마음'입니다. 그때만이 모든 법을 올바로 볼 수 있습니다.

사실 자기 생각은 그리 중요하지 않습니다. 생각은 없던 자리에서 왔다가 곧 변해 사라지며 다시 없던 자리로 돌아가기 때문입니다. 그러니 생각이 일어나도 그냥 두세요. 생각하지 말라는 말이 아닙니다. 여러분이 생각을 바라보는 존재임을 안다면 어떤 생각이 일어나도 괜찮습니다. 곧 사라지게 되고, 또 다른 생각이 일어날 게 분명하며, 그 어떤 생각도 '나'는 아니니까요. 그러니 괜찮습니다. 그대로 두어도 괜찮습니다.

생각과 붕어빵

한 청년이 붕어빵 장사를 시작했습니다. 아직은 초보자여서 붕어빵 기계를 사용하는 게 익숙하지 않습니다. 기계에 밀가루 반죽을 붓고 팥앙금을 넣어 모양을 찍었는데, 붕어빵 모양이 이상합니다. 눈에서 팥이 삐져 나온 붕어빵, 꼬리가 없는 붕어빵도 있습니다. 이 붕어빵을 단순히 '빵'으로만 보면 아무 문제가 없는데, '붕어'라는 의미를 덧씌우는 순간부터 우리는 그것을 보고 '잘못됐다'라고 판단합니다.

생각도 이와 같습니다. 우리가 만들어 낸 수많은 생각을 살펴보면, 부끄럽고 창피한 것들이 많습니다. 얼굴이 붉어지기도 하고, '이불킥'을 할 때도 있지요. 그러나 그 생각들조차 무념의 자리에서 왔다는 사실을 안다면, 창피할 이유가 없습니다. 생각을 만들어 내는 무념은 절대 병들지 않고, 훼손되지 않으며, 사라지지 않기 때문입니다.

생각을 '나'로 동일시하지 마세요. 생각을 존중받지 못했다고 해서 자신이 초라해지는 건 아닙니다. 무념을 아는 사람은 어떤 생각이 일어나더라도 그 생각이 자신을 해칠 수 없음을 압니다. 생각에는 잘못된 것도 없고, 불량품도 없습니다. 생각은 그저 스쳐가고, 무념은 늘 온전한 채로 거기에 있습니다.

무념은 움직인 적이 없다

앙굴리마라는 부처님 당시 수많은 사람을 살해한 악명 높은 살인마였습니다. 사람을 죽인 후 피해자의 손가락을 모아 목걸이를 만들었다고 전해질 정도였으니까요. 어느 날 그는 또다시 살인을 저지르려고 풀숲에 숨어 있었습니다. 그런데 저 멀리서 머리가 긴 여성이 걸어오는 것을 보았습니다. 바로 그의 어머니였습니다. 아들이 살인마가 되었다는 소식을 듣고, 악행을 막기 위해 아들이 나타난다는 곳을 찾아 헤매던 길이었지요. 여성이 점점 가까워지자 앙굴리마라는 곧 자신의 어머니라는 것을 알아차리고 갈등합니다. 차마 어머니를 죽일 수는 없었던 겁니다. 그때 마침 부처님이 나타납니다. 앙굴리마라는 '옳다구나!' 하고는 어머니 대신 부처님을 해치기 위해 뒤쫓기 시작했습니다. 그런데 아무리 전속력으로 달려도 부처님을 따라잡을 수 없었습니다. 바로 그 장면에서 짧지만 위대한 문답이 등장합니다.

> 앙굴리마라가 말했습니다. "거기 서라!" 부처님께서 대답하셨습니다. "나는 지금까지 한 번도 움직인 적이 없었다. 움직인 것은 너 자신이다."
>
> -『앙굴마라경』제1권

여기서 말하는 '움직이는 것'은 곧 '생각'입니다. 부처님은 무념이 본래 우리의 모습임을 분명히 아셨기에 "나는 한 번도 움직인 적이 없었다."라고 말씀하셨습니다. 당연히 '거기 서라.'라는 말에 동의할 수 없었겠죠. 멈추기 위해서는 '나는 움직이는 존재'라는 전제가 필요하기 때문입니다.

반면 육신이 '나'라고 믿고 있던 앙굴리마라는 "나는 움직인 적이 없다."라는 부처님의 말씀을 전혀 이해할 수 없었습니다. 분명 눈앞에서 걷고 있는 부처님을 보았는데도, 부처님은 오히려 "나는 움직인 적이 없으며 움직인 것은 앙굴리마라 너 자신이다."라고 하니, 도대체 이게 무슨 말인가 하지 않았을까요. 이는 결국 무엇을 '나'로 삼고 있는지에 대한 명확한 차이를 보여 줍니다.

앙굴리마라는 생각도 '나'로 삼았습니다. 그러나 부처님께서는 몸을 '나'로 삼는 어리석음에서 벗어날 뿐 아니라, 생각을 '나'로 착각하는 데서도 벗어나야 한다고 가르치셨습니다. 부처님의 눈에 비친 앙굴리마라는, 끊임없이 움직이는 생각도 자신이라고 믿고 있던 어리석고 안타까운 중생이었지요. 비록 육신은 그 자리에 멈추어 서있었을지 몰라도, 그의 마음은 쉴 새 없이 흔들리고 있었던 것입니다.

무념을 아는 사람은 어떤 혼란과 고통 속에서도 늘 움직이지 않는 자리를 기억합니다. 그러나 생각에 의미를 두는 사람은 '원숭이 생각'처럼 늘 마음이 날뜁니다. '생각을 하지 말아야지.'라는 생각을 하는 순간, 오히려 그 생각이 더 강해집니다. 어디론가 멀리 도망가도 고민은 끝까지 따라옵니다. 내가 잊으려고 노력한 바로 그 순간부터 오히려 더 선명하게 나를 붙잡습니다.

그러니 생각을 통제하려 들지 말고, 생각은 곧 사라진다는 사실을 믿고, 생각을 바라보는 자리에 서야 합니다. 생각을 '나'로 삼으면 생각에서 결코 벗어날 수 없습니다. 무엇을 '나'라고 믿고 있는지를 살펴보는 일은 삶의 질을 높이고, 인생의 방향을 결정하는 데 상상 이상으로 중요한 역할을 합니다.

앙굴리마라는 육신도 '나'로 삼고, 생각도 '나'로 삼았습니다. 우리도 마찬가지입니다. 때로는 분노와 우울을 '나'로 삼고, 타고 다니는 자동차나 고가의 옷을 '나'로 삼으며, 심지어는 살고 있는 지역이나 아파트의 가격을 '나'로 삼기도 합니다. 우리가 나를 대변할 수 있을 거라고 믿는 것들은 무수히 많지만, 그 어떤 것도 진정한 내가 될 수 없다는 사실만큼은 시대와 공간을 초월해 불변합니다.

하지만 지혜를 배우지 못하면, 언제까지나 남과 비교하여 '좀 더'를 외치고, 결국 자기 자신을 벌주며 살아갑니다. 어차피 삶에 정답은 없습니다. 내가 아닌 생각을 자기로 삼아 끝없는 비교와 불만 속에서 살 것인지, 아니면 모든 것을 바라보고 있는 '움직이지 않는 정신'을 나로 삼아 흔들림 없는 수행자로 살 것인지는, 결국 각자의 선택 앞에 평등하게 놓여 있습니다.

◆ 여기서 멈추지 말고, 부록 〈내 마음 관찰 노트〉 274쪽에서 조금 더 깊이 내 마음을 들여다보세요.

5

[사용 시 주의 사항①]

의미 때문에 마음이 자꾸 다쳐요

의미가 무엇인지 아는 사람은 그 의미 속으로 빠져들지 않습니다. 아름다운 의미를 담으면 여러분의 세계도 아름다워지고, 추한 의미를 담으면 삶은 거칠고 힘들어집니다. 선택은 자신의 몫입니다. 눈, 귀, 코, 입, 몸은 모두에게 평등하지만, 무엇에 의미를 담고 덜어 낼지는 오직 각자의 선택입니다.

행복과 고통을 만들어 내는 의미

우리는 지금까지 생각의 흐름, 기억의 저장, 그리고 모든 것을 바라보는 정신의 자리에 대해 알아봤습니다. 5, 6장에서는 마음을 다룰 때 주의해야 할 점을 살펴볼 텐데요. 5장에서는 첫 번째로 의미와 감정에 대해 짚어보겠습니다. 왜냐하면 우리가 실제로 고통을 느끼는 순간은 대부분 생각할 때보다 감정을 느낄 때이기 때문입니다. 행복하거나 즐거울 때도 있지만 고통스러운 감정에 휩싸이면 헤어 나오기가 쉽지 않습니다. 그런데 감정은 갑자기 뚝 떨어지는 게 아니고, 언제나 생각에서 비롯됩니다. 특히 내가 어떤 의미를 부여하느냐에 따라서 매번 다른 감정이 생겨나지요.

예를 들어 공원에서 뛰어노는 강아지를 발견했을 때, 반려견을 키우는 사람들은 대부분 '귀엽다'라는 감정을, 어릴 적 강아지에게 물렸던 기억이 있는 사람은 '무섭다'라는 감정을 일으킵니다. 같은 대상을 보고도 감정이 다른 까닭은 바로 기억에 의지한 의미 때문입니다. 그렇다면 기억은 어떤 원리로 의미를 부여하며, 그 결과 어떻게 감정이 달라지는 것일까요? 단순히 '짜증나서 그렇다.'라는 말을 넘어, 내면에서 어떤 과정이 작용하는지 살펴보아야 합니다. 5장에서 나눌 이야기는 '짜증 내지 말라.'라는 말보다 '짜증이라는 감정은 어떻게 일어날까?'에 더 가깝습니다. 살면서 늘 조심조심 대해야 하는 의미와 감정에 대해 살펴보겠습니다.

1. 의미는 내가 만든다

근기(根器), 각자의 감정이 다른 이유

오랜만에 옛 친구를 만났습니다. 학창 시절엔 둘도 없는 단짝이었죠. 쉬는 시간마다 붙어 다니고, 급식 줄도 같이 서고, 야간 자율학습이 끝나면 컵라면 하나씩 먹으며 시답잖은 이야기를 나누던 친구였습니다. 성인이 되어 우연히 길에서 마주친 거예요. 눈이 마주치자마자 "야, 너 진짜 오랜만이다!" 하며 밀려드는 반가움에 서로를 껴안기까지 합니다.

그런데 여기서 잠깐만요. 이 반가움은 어디에서 온 걸까요? 눈으로 친구를 보고 있었지만, '보인다'라는 감각을 넘어서 반가움이라는 감정이 나타났습니다. 그런데 만약 그 친구가 학창 시절에 나를 괴롭히기만 했던 기억이 있었다면, "어, 오랜만이야." 하며 고개만 끄덕였을지도 모릅니다. 이때는 반가움보다 불편함이 더 크게 느껴졌겠죠. 같은 '보는 행위'지만, 느끼는 감정은 전혀 다릅니다.

사실은 '보인다'라는 게 더 원초적이고 근본적인 정신 작용인데, 우리는 '보인다'라는 것보다 '반갑다' 혹은 '불편하다'와 같은 감정에 더 많은 지배를 받습니다. 일상생활을 하면서도 보고, 듣고, 맛보고, 냄새 맡는 등의 감각보다 '좋다', '나쁘다', '반갑다', '기쁘다', '싫다', '화난다', '두렵다' 등의 감정에 더 많은 무게를 두고 살아가지요. 같은 대상을 보고도 '좋다', '싫다'라는 감정을 빼면 싸움이 일어나지도 않고 힘들지도 않습니다. 하지만 늘 감정이 개입되면서 사연이 생기고 다툼이 일어납니다.

불교에서는 감각의 그릇을 '근기(根器)'라고 해요. 누구나 자기만의 그릇을 갖고 있습니다. 감각의 그릇이 달라지면, 보이는 것, 들리는 것, 느끼는 것에 대해 전혀 다른 식으로 반응합니다. 같은 스승님에게 같은 가르침을 들어도 제자마다 느끼는 바가 다른 것은 바로 근기의 차이 때문이라고 말합니다. '근기가 크다.' 혹은 '근기가 작다.'라고 말하는 것은 단순한 감각의 영역이 아니라 그것을 통해 이해하는 해석의 차이라고 할 수 있습니다. 친구의 모습을 단순히 '보는 것'만으로 모두가 같은 감정을 느낀다면 근기라는 말은 필요가 없겠지요. 그러나 감각을 통한 인식을 넘어, 우리는 그것을 독창적으로 해석할 줄 아는 나만을 그릇을 분명히 갖고 있습니다.

같은 친구를 만났는데도, 어떤 이는 반갑게 여기고 어떤 이는 불편하게 느낍니다. 결국 그 감정은 그 친구가 나에게 어떤 의미를 지니는가에 달려 있습니다. 반가움이든 불편함이든 감정은 대상에 대한 해석, 즉 의미 부여의 결과인 셈이죠. 이렇게 우리는 감정을 통해 의미를 읽고, 의미를 통해 감정을 만듭니다.

대학생 때 과외를 한 적이 있습니다. 두 학생은 남매였는데, 동생이었던 여학생은 성적도 좋고 성격도 싹싹해서 어머님의 사랑을 독차지했습니다. 반면 오빠였던 남학생은 산만하고, 공부에도 딱히 소질이 없었어요. 자연스레 어머님께 혼나는 일도 많았습니다. 어느 날 남학생이 제게 푸념을 늘어놓았습니다. "선생님, 저희 엄마는 제 여동생만 좋아해요. 저는 그냥 부모라는 의무감으로 대하시는 것 같아요." 어머님은 둘에게 똑같이 천 원씩 용돈을 주셨거든요. 그런데 남학생은 어머니가 동생에게는 예뻐서 용돈을 주지만, 자신에게는 억지로 준다고 생각했습니다. 객관적으로는 같은 금액의 용돈을 받은 상황인데, 남학생의 내면에 담긴 해석, 즉 의미가 어떠한가에 따라서 전혀 다른 사건이 된 겁니다. 감정은 그렇게 생깁니다. 명확한 사실보다 자신이 해석한 의미에 따라 감정은 달라집니다.

의미: 덧붙이기의 연속

가을이 되면 절 마당엔 낙엽이 소복이 쌓입니다. 어느 날 한 스님이 마당에 쌓인 낙엽을 쓸고 있었어요. 스님은 한 곳에 모은 낙엽을 바로 옆 산기슭에 쏟아 버리시며 말했습니다. "몇 발짝만 옆에 떨어졌어도 쓰레기가 아닌데." 산책로에 있었다면 가을의 주인공이 되었을 낙엽이, 마당에 떨어지니 치워야 할 쓰레기로 여겨집니다. 같은 낙엽인데도 떨어진 자리에 따라 의미가 바뀌는 것이지요. 그렇다면 낙엽이 문제일까요? 아니죠. 문제는 우리가 그 낙엽에 부여한 의미에 있습니다.

 감정은 사건 때문이 아니라, 내가 그 사건에 어떤 의미를 붙이느냐에 따라 달라집니다. 시간, 장소, 상황, 관계 그리고 각자의 의미에 따라 감정은 언제든 달라질 수 있습니다. 그런데 우리는 그 감정을 '나'로 삼고, 감정을 일으킨 나만의 의미를 객관적 사실처럼 믿어 버립니다. 과연 그렇게 달라지는 감정, 그렇게 쉽게 바뀌는 의미를 신뢰할 수 있을까요? 마음이 아픈 이유는 정말 '감정' 때문일까요, 아니면 내 의미로 덧붙인 '해석' 때문일까요?

우리는 눈앞에 펼쳐진 세상을 있는 그대로 본다고 생각하지만, 사실은 그렇지 않습니다. 대부분은 있는 그대로 보기보다는 의미를 입힌 채 보기를 더 좋아하고 더 자주 반복합니다. 4장에서 생각의 정체가 무엇인지, 그리고 생각은 대상과 감각이 만나 생기는 일시적인 현상이라는 점에 대해 살펴봤습니다. 이번에는 한 걸음 더 나아가, 우리가 생각에 어떤 '의미'를 더하고 있는지 보려 합니다.

불교에서는 여섯 가지 감각 기관을 육근(六根)이라고 합니다. 눈[眼] 귀[耳], 코[鼻], 혀[舌], 몸[身], 그리고 뜻[意]. 이 육근은 각각의 대상을 마주합니다. 눈은 색(色), 귀는 소리[聲], 코는 냄새[香], 혀는 맛[味], 몸은 촉감[觸], 그리고 뜻은 법(法)을 마주합니다.(3장 참고)

제 옷을 예로 들어 볼까요? 그냥 '회색 천'이라고 말하면 그나마 있는 그대로 본 겁니다. 하지만 대부분은 스님이 입는 옷, 승복이라고 하지요. 눈[眼]으로 대상[色]을 보기만 한 게 아니라, 거기에 이름과 의미를 덧붙였습니다. 이렇게 덧붙여진 의미가 바로 '법(法)'입니다. 법은 색깔, 소리, 냄새, 맛, 감촉에 뿌려지는 양념과 같습니다.

그 누구도 색깔을 색깔로만 바라보지 않습니다. 소리를 소리로만 듣지도 않습니다. 눈으로는 색깔만 보고, 귀로는 소리만 들었을 뿐인데, 우리는 그 위에 의미, 곧 법을 얹습니다. 그래서 빨간색이 아니라 '내가 좋아하는 색' 혹은 '어울리지 않는 색'이 되고, 엄마의 목소리가 아니라 '칭찬' 혹은 '잔소리'가 됩니다. 결국 내가 바라보는 세상은 색깔과 소리, 냄새, 맛, 촉감일 뿐이지만, 태어나서부터 지금까지 세상을 있는 그대로 느낀 적은 없었습니다. 색깔, 소리, 냄새 등에 이름을 붙이고 의미를 담아 해석하는 연습만 평생 반복해 온 거죠. '이건 깨끗한 거야.', '저건 더러운 거야.', '이건 멋져.', '저건 이상해.' 이런 식으로 계속 분류하고 판단하고 규정하는 방식으로 교육 받아 왔습니다.

의미를 담는 능력을 부정하는 것은 아닙니다. 그 의미 덕분에 우리는 사랑도 하고 감사의 인사도 나눌 수 있으니까요. 문제는 이 의미가 객관적이고 진실한 것인지, 아니면 주관적이고 상대적인 나만의 견해인지 따져 보지 않았다는 데 있습니다.

기억에서 탄생한 의미

의미는 '어떻게'라는 질문과 닮았습니다. 색깔을 어떻게 보느냐, 소리를 어떻게 듣느냐에 따라 의미는 달라집니다.

앞서 설명한 것처럼, 감각과 대상이 만나면 생각[識]이 생겨납니다. 눈과 꽃이 만나면 '색깔이 보인다.' 하는 생각이 일어나는 것처럼요. 그런데 여기에 '법(法)'이 섞이면 이야기가 달라집니다. 꽃을 보면서 '보인다'라고만 인식만 하는 게 아니라 '이 꽃이 저 꽃보다

예쁘다.', '꽃을 보니 기분이 좋다.' 하는 느낌이 드는 것이지요. 굳이 분류하자면, 이건 단순한 생각이 아니라 '의미'라고 볼 수 있습니다. '예쁘다', '슬프다', '무섭다' 같은 의미들은 색깔이나 소리, 냄새, 맛, 촉감 그 자체에 들어 있는 게 아니라, 나만의 견해이자 스스로 소화시킨 해석입니다.

그렇다면 각자의 세상을 다르게 만드는 의미는 어디에서 비롯되었을까요? 바로 '기억'에서 나옵니다. 과거의 경험이 지금 이 장면을 어떻게 받아들일지를 결정해 버립니다. 어떤 사람은 빨간색을 보면 생기있고 따뜻하다고 느끼지만, 누군가는 불쾌하거나 위협적이라고 느낍니다. 똑같은 색깔인데 왜 다르게 받아들일까요? 각자 색깔에 대한 사연, 즉 기억이 있어 자신만의 의미를 만들어 놓았기 때문입니다.

의미는 언제나 개인적인 기억을 배경으로 삼아 일어납니다. 그래서 같은 대상을 보더라도 과거의 경험이 어떠했는지에 따라 좋게도, 나쁘게도 해석합니다. 나에게 상처를 줬던 사람이라면, 그가 아무리 좋은 일을 했다 해도 납득하기 쉽지 않고, 긍정적으로 바라보지 못합니다. 그 이유는 상대가 본질적으로 나쁜 사람이어서가 아니라, 그에 대한 나의 기억이 '나쁜 의미'를 만들어 붙잡고 있기 때문입니다.

의미를 알아차리는 감각, 의근

오늘따라 왠지 과장님의 뒷모습이 쓸쓸해 보입니다. 자주 입던 양복과 매일 똑같은 머리 스타일인데, 이상하게도 기운이 없고 작아진 것 같습니다. 자, 어떤가요? 여러분은 과장님의 뒷모습에서 풍겨 나오는 쓸쓸함도 눈으로 보았나요?

불교에서는 의미를 알아차릴 수 있는 감각을 '의근(意根)'이라고 합니다. 그런데 슬프게도 우리말에는 의근을 정확하게 번역할 단어가 없습니다. 왜 그럴까요? 우리는 지금까지 감각과 의미를 구분하지 않고 뭉뚱그려서 써왔기 때문입니다.

예를 들어 오늘따라 초등학생 딸이 유난히 사랑스럽게 느껴집니다. 그때 그 사랑스러운 감정을 '눈으로 본다.'라고 하지 않고, '마음으로 느낀다.'라고 표현하지요. 그럼 이 '마음[心]'이 곧 의근일까요? 아닙니다. 경전에서 말하는 마음은 의근과는 다른 개념입니다. 의근은 매일 사용하고 있지만 한글로 번역되지 않는 단어이자, 우리가 제대로 인식해 본 적 없는 감각입니다.

의미를 느끼는 의근을 번역할 단어가 없었다는 것은 의미를 분리해서 관찰한 경험이 없었다는 뜻이기도 합니다. 눈으로는 색깔을 보고, 귀로는 소리를 듣지만, 의미에 대해서 별도로 사유해 본 적이 없었어요. 다 그냥 '느낌', '기분', '마음'으로 대충 얼버무려서 사용했습니다. 의미를 분리해 관찰하거나 이해하는 연습이 부족했던 탓에, 우리에게 본래 갖추어진 능력, '의미 부여'를 오히려 자신을 지나치게 괴롭히는 방식으로만 활용했습니다.

이렇게 대충 뭉뚱그려서 바라보는 인식을 불경에서는 '추(麤)'하다고 표현합니다. '거칠고 둔하다.', '자세히 보지 않고 엉성하게 대충 안다.'라는 뜻이지요. 우리는 종종 자기 생각이나 감정을 아주 분명하게 알고 있다고 착각합니다. 그것이 어떤 감각에서 비롯되었는지도 모르고, 어떤 기억이 의미를 덧씌웠는지도 모른 채 '진짜'라고 믿어 버립니다. '추하다'의 본 뜻은 세상을 대충 보고, 엉성하게 이해하면서 자기 기억을 덮어씌워 엉망진창으로 보는 것, 그게 마치 진실이며 사실이라고까지 믿는 우리의 사고방식을 지적하는 말입니다.

2. 있는 그대로를 본다는 것

실감 나게 느껴진다는 말의 원리

갓난아기가 스스로 만들어 낸 최초의 작품은 '응가', 똥이라고 합니다. 그래서 아이는 자기가 싼 똥을 자꾸 손으로 만지려고 하지요. 그리고는 곧장 그 손을 입으로 가져갑니다. 어른들 눈에는 더럽고 피해야 할 대상이지만, 아기는 그것이 뭔지 모르니 호기심 가득한 눈을 반짝이며 주무르려 합니다. 그때 어른들은 이렇게 말합니다. "그건 지지야. 만지면 안 돼!" 그리고 다음번에 아기가 똥을 싸고 스스로 피하면 "똑똑하네" 하고 칭찬까지 해 줍니다.

이렇게 우리는 자라면서 수없이 많은 '지지야'를 배웠어요. 내가 싼 똥에서 시작해 세상 모든 것에 '더럽다', '위험하다', '부끄럽다', '예쁘다', '멋지다'와 같은 의미를 어른들로부터 교육 받아 온 것이지요. 결국 이것은 모두 법(法), 다시 말해 대상에 덧씌워진 의미입니다.

불교는 분명히 이야기합니다. 내게 보이는 세상은 실제로 존재하는 것이 아니라고요. 그런데 이런 의문이 들 수 있습니다. '내 눈에 보이는 게 있는데, 왜 세상이 없다고 하는가?', '나는 지금 분명히 생각하고 있는데, 왜 생각이 없다고 하는가?'

그래서 부처님은 현상과 존재를 구분해서 보라고 설명하셨습니다. 현상은 분명히 느껴지지만, 존재하는 건 아니라는 말입니다. '보인다', '생각난다', '기억난다'라는 것은 현상일 뿐, 그것이 곧 존재를 뜻하지는 않습니다. 마치 무지개나 번개, 꿈처럼 말이지요.

우리는 세상을 모두 '있음'으로 바라보지만, 사실은 그렇지 않습니다. 방 안의 전등을 꺼 보세요. 색깔[色]이 사라집니다. 그렇다면 색깔은 실제로 있었던 걸까요? 불이 켜졌을 때만 보이는 것이라면, 색깔 역시 밝은 빛과 나의 눈이 만났을 때에만 느껴지는 현상일 뿐 객관적인 존재가 아닐 수 있습니다.

조건에 따라서 느껴지는 현상일 뿐인데, 색깔, 소리, 냄새, 맛, 촉감 그리고 의미까지, 여섯 가지를 모두 합쳐 놓으면 정말 존재하는 것처럼 실감 나게 느껴집니다. 마치 영화를 보는 것과 같아요. 옛 어른들의 이야기를 들어 보면, 오래전 무성 영화 시절엔 소리는 없고 화면만 나왔다고 합니다. 그런데 변사가 목소리를 입히자 훨씬 실감 나는 영화가 되었고, 흑백에서 컬러 영화로 발전하면서 영상은 더 생생해졌습니다. 이제는 냄새와 진동까지 더해지는 3D, 4D 영화관으로 발전했지요. 의자가 움직이고, 연기 냄새가 나고, 비 내리는 장면에서는 얼굴에 물이 튀기도 합니다. 왜 이렇게 많은 감각을 더했을까요? 영화 속 장면을 더 실감 나게 느끼도록 하기 위해서였습니다.

우리 삶도 이와 비슷합니다. 현상을 바라볼 때 색깔 하나에 멈추지 않아요. 그 위에 소리도 더하고, 냄새를 얹고, 감촉을 덧붙입니다. 나아가 '이건 예쁜 꽃이다.', '이건 더러운 쓰레기다.'라는 해석을 붙입니다. 심지어 '이 꽃은 사랑하는 사람에게서 받은 생일 선물이니, 시들지 않았으면 좋겠어.'라면서 시들어 가는 꽃을 보며 아쉬워하기도 하지요. 이렇게 여러 겹의 레이어들이 쌓이고 쌓이면 점점 더 대상은 실감 나게 느껴지며, '존재'라는 영역에 가까워집니다. 하지만 그렇게 느껴질 뿐, 실제로 존재가 될 수는 없다는 말입니다.

의미를 빼는 연습

부처님께서는 이런 이유로 대상을 뭉뚱그려 보지 말고, 나누어 관찰하라고 하셨습니다. 눈으로는 색깔밖에 보지 못합니다. 색깔의 세계와 소리의 세계는 분리되어 있어요. 그래서 눈이 불편하신 분들은 소리만으로도 대상을 구별합니다. 모든 것은 완벽하게 분리되어 있습니다. 따라서 보이는 것은 단지 색깔로, 들리는 것은 단지 소리로, 맡아지는 것은 단지 향기로, 혀로 느껴지는 것은 단지 맛으로, 몸에 닿는 것은 단지 촉감으로, 그리고 의근에 느껴지는 것은 단지 '기억에 의해 일어나는 의미', 곧 법(法)으로 바라보라고 강조하셨습니다. 색깔, 소리, 냄새, 맛, 촉감, 이 모든 감각의 경험을 법과 분리해서 바라보라는 것이지요. 이것이 바로 의미를 빼는 연습입니다.

왜 하필 의미를 덜어 내는 연습을 시키셨을까요? 의미를 빼면 아무 작용도 없고 감정도 없는 돌부처가 되는 건 아닐까요? 그렇지 않습니다. 우리는 오히려 모든 것에 의미를 덧씌우는 데 너무 익숙해져 있기 때문입니다.

누군가가 정성껏 차려 준 식사 한 끼, 받아 본 적 있으신가요? 맛은 평범할 수도 있어요. 그런데 거기에 상대방의 정성이라는 의미가 더해지면 '맛있다!'라는 말이 절로 나옵니다. 실제로 더 맛있게 느껴지기도 하고요. 해체해서 관찰하다 보면 어느 순간, '아차!' 하고 깨닫게 됩니다. '아, 내가 이 음식에, 이 사람의 말에, 이 상황에 괜히 의미를 끼얹고 있었구나. 그 의미는 내가 만든 거였네?' 하고 말입니다.

그걸 아는 순간, 우리는 의미에 휘둘리지 않고, 의미를 다루는 쪽으로 돌아섭니다. 의미는 무조건 없애야 할 것도, 무조건 믿어야 할 것도 아닙니다. 그러나 의미를 제대로 쓸 줄 몰라 그저 휘두르기만 했어요. 하지만 잘만 다루면 멋진 도구가 됩니다. 괴로움을 풀고, 관계를 개선하며, 나 자신과 화해하는 좋은 길잡이가 될 수 있어요. 그 능력은 우리 모두 이미 갖고 있습니다. 단지 사용 설명서를 만나지 못했을 뿐이에요. 어떻게 사용해야 할지를 몰랐던 것이 여러분의 잘못은 아닙니다.

3. 의미라는 마법과 연습

칭찬이 될 수도, 죄목이 될 수도 있다

『한비자』라는 고전에는 '여도담군(餘桃啗君)'이라는 일화가 있습니다. 왕의 총애를 받던 미자하라는 미소년이 있었는데, 어느 날 그가 복숭아를 맛있게 먹고 있는 모습을 보고 왕이 물었습니다. "뭘 그렇게 맛있게 먹느냐?" 미자하는 자기가 먹던 복숭아를 왕에게 건넸고, 왕은 감동하며 말했습니다. "복숭아가 얼마나 맛있었으면 자기가 먹을 걸 나에게 주겠는가!"

또 어느 날, 미자하는 어머니가 위독하다는 소식을 듣고 왕의 수레를 무단으로 타고 집으로 갔습니다. 당시 왕의 수레를 무단으로 사용한 사람은 두 발이 잘리는 형벌을 받았는데, 왕은 오히려 감동하며 말했습니다. "얼마나 효심이 깊으면 두 발이 잘릴 것을 각오하고 어머니를 찾았겠느냐."

그런데 시간이 흘러 왕의 총애가 식어 버리자, 이전에 칭찬받던 미자하의 행동이 오히려 큰 죄가 되었습니다. "감히 왕에게 먹던 복숭아를 주다니!", "감히 허락도 없이 제멋대로 왕의 수레를 타다니!" 먹다 남은 복숭아를 임금에게 먹게 했다는 뜻이 담긴 여도담군은, 같은 행동이라도 어떤 의미를 붙이느냐에 따라 결과가 완전히 달라질 수 있음을 보여 줍니다.

아무리 아름다운 것을 봐도 기억이 나쁘면 부정적으로 느껴집니다. 의미는 각자의 기억에 따라 달라지기 때문이죠. 그래서 어떤 의미는 우리를 괴롭히고, 어떤 의미는 감동을 줍니다. 그렇게 의미는 또 다른 나만의 의미를 계속해서 낳습니다. 마술사가 그때그때 펼치는 마법처럼 정해진 것은 아무것도 없습니다.

귀에는 소리만 들린다

민원실이나 고객 센터에서 일하는 분들이 자주 겪는 고충이 있습니다. 간혹 업무와 관계없는 불만이나 욕설을 늘어놓는 전화를 받는다는데, 이런 전화가 반복되다 보면 극심한 감정 노동에 마음이 지치고 심해지면 병까지 납니다. 부정적인 이야기를 계속 듣는 상황이 얼마나 힘든지 하소연을 하며 어떻게 해야 극복할 수 있냐는 질문도 자주 받습니다.

그럴 때마다 제가 이렇게 묻곤 해요. "그 전화기 너머로 들리는 건 뭘까요?" 정답은 소리입니다. 귀는 소리만 들을 수 있어요. 귀로 의미를 들을 수는 없습니다. 의미는 귀로 들은 소리를 다시 자신의 기억에 의한 견해로 재해석할 때 비로소 등장합니다. 결국 자기 해석일 뿐이지요.

전화로 욕설을 듣는 상황에서도 이런 연습을 해볼 수 있습니다. 상대방은 욕을 했지만, 내가 그걸 단순히 소리로만 들었다면 내 감정은 반응하지 않습니다. 그러나 의미를 붙이는 순간 반응이 생깁니다. 전화를 받을 때 불쾌한 말을 듣게 된다면 이전에 공부했던 내용을 떠올려 보세요. '이건 그냥 소리일 뿐이야.' 하고 의미를 빼고 소리만 듣는 연습을 하는 겁니다.

물론 의미를 빼고 듣는다고 해서 욕인지 칭찬인지 구분하지 못하는 건 아니에요. 다 알지요. 무슨 이야기를 하는지, 화가 났는지, 기분이 좋은지 충분히 압니다. 다만 영화관에서 슬픈 영화를 볼 때, 그 슬픔에 충분히 공감하면서도 그것이 실제가 아니라는 사실을 놓치지 않는 것과 같습니다.

아무도 모르는 나만의 수행

상대방은 내가 의미를 빼는 연습을 하고 있다는 걸 모릅니다. 의미를 덧씌워서 듣는 사람과 의미를 분리해서 듣는 사람. 이 둘 중 마음이 편안한 사람은 당연히 후자입니다. 의미를 빼는 수행을 불경에서는 재미있는 비유로 설명합니다.

> 그때 젊은 바라문 빈기가(賓耆迦)가 부처님께서 계시는 곳으로 찾아가 부처님을 마주 대하고 서서 추악하고 착하지 않은 말로 성을 내며 꾸짖었다. 그러자 세존께서 젊은 빈기가에게 말씀하셨다.
> "만약 어느 좋은 날에 너는 너의 종친(宗親)과 권속(眷屬)들을 모을 수 있겠느냐?"
> 빈기가가 부처님께 아뢰었다.
> "그렇게 할 수 있다. 고타마여."
> 부처님께서 빈기가에게 말씀하셨다.
> "만일 너의 종친들이 음식을 먹지 않으면 어떻게 하겠느냐?"
> 빈기가가 부처님께 아뢰었다.

"먹지 않으면 그 음식은 도로 내 것이 될 것이다."
부처님께서 빈기가에게 말씀하셨다.
"너도 그와 같다. 여래의 면전에서 추악하고 착하지 않은 말로 욕하고 꾸짖었다. 내가 끝내 받아 주지 않는다면 그 꾸짖음이 누구에게로 돌아가겠느냐?"

- 『잡아함경』「빈기가경」

    상대방이 욕을 했다는 사실은 분명하지만, 그것은 그저 '소리'일 뿐입니다. 의미를 되살려 받아들이지 않으면, 마음은 훨씬 가볍고 자유로워집니다. 상대는 자기 말에 욕이라는 의미를 실어 보낸다고 생각하지만, 나는 그저 소리로만 들었을 뿐입니다. 내가 먹지 않은 음식은 다시 만든 사람의 것이 되듯, 내가 받지 않은 의미도 결국 만든 사람의 것이 됩니다.

    소리와 의미를 분리하는 연습을 하면 우리가 그동안 얼마나 말도 안 되는 의미를 많이 담으며 살아왔는지 알 수 있습니다. 똑같은 세상을 살고 있다고 하지만, 내가 '의미 빼기' 수행을 하고 있다는 것을 그 누구도 모릅니다. 아무도 모르는 나만의 행복한 수행을 '비밀스러운 수행', 곧 밀행(密行)이라 부릅니다. 그가 바로 홀로 오롯하게 살아가는 행복한 수행자이지요.

두 장의 같은 그림

300명이 한 공간에 있다면, 마치 300개의 세계가 존재하는 것과 같습니다. 똑같은 장면을 보아도, 모두 다르게 받아들이고 다르게 기억하기 때문입니다.

어느 예비부부가 스님께 이렇게 물었습니다. "스님, 저희는 지금까지 한 번도 안 싸웠어요. 결혼하면 많이 싸운다는데, 어떻게 해야 안 싸울 수 있을까요?" 스님께서는 이렇게 답하셨습니다. "화가가 두 장의 도화지에 그림을 그린다고 해봅시다. 완전히 똑같은 그림을 그리려면 어떻게 해야 될까요?" 정답은 아무것도 그리지 않는 겁니다. 아무 그림도 그리지 않으면 두 장의 도화지는 완벽하게 같습니다. 그러나 점 하나라도 찍히면 두 장의 그림은 같을 수가 없습니다. 점의 농도, 크기, 위치도 분명히 달라질 수밖에 없습니다.

우리는 누군가를 만나면 곧 마음속에 자기만의 그림을 그려 놓습니다. 하지만 모든 것은 변합니다. 그 사람도 변하고, 나도 변합니다. 그런데 우리는 그 그림을 기억 속에 고정시켜 놓고, 눈 앞의 그 사람과 맞지 않으면 그때부터 다투기 시작합니다. "당신, 변했어."라고 말이죠.

기억은 변하고, 의미도 변합니다. 모든 것은 무상합니다. 그러니 내 감정, 내 해석, 내 의미가 '진실'이라고 고집하지 마세요. 진짜 자유는 내가 담고 있는 의미를 알아차리고, 의미를 뺄 줄 아는 능력에서 비롯됩니다.

4. 의미, 그 위대함과 조심스러움에 대하여

공덕과 복덕

좋고 싫음을 판단하는 많은 감정과 의미들은 대부분 기억에서 비롯됩니다. 그런데 이 기억은 늘 변하고, 끊임없이 바뀝니다. 그렇기 때문에 기억에 따라 생겨나는 의미는 진실이 아니라 허망하다고 해야 합니다. 그러나 우리는 경험과 사건을 있는 그대로 보지 않고, 그 위에 의미를 덧입히면서 스스로를 복잡하게 만들어 왔습니다. 의미는 정신의 위대한 능력이지만, 동시에 구속이기도 했습니다. 『유마경』에 이런 말씀이 나옵니다.

> 비유하면 모든 하늘의 밥과 그릇은 공통된 보배지만, 그 복덕에 따라 음식의 색이 달리 있게 되는 것과 같다.
>
> – 『유마경』「불국품」

이 비유는 참으로 의미심장합니다. 같은 보배, 같은 음식이지만 그것을 받아들이는 사람의 복덕에 따라, 즉 그 사람이 지금까지 쌓아 온 기억에 따라 다르게 보인다는 말이지요. 이는 의미가 만들어지는 방식이라고 설명했습니다.

불교에서는 공덕(功德)과 복덕(福德)을 구분합니다. 공덕은 '정신의 능력'입니다. 예를 들면 말할 줄 아는 능력, 생각할 줄 아는 능력, 의미를 만들어 낼 줄 아는 능력, 기억할 줄 아는 능력 같은 것들입니다. 이것은 누구나 갖추고 있으며, 줄어들지도 않고 사라지지도 않는 위대한 능력입니다.

반면 복덕은 '공덕이 작용한 결과'입니다. 공덕이 어떤 방식으로 사용되었는가에 따라 나타나는 현상이 복덕입니다. 예를 들어, 말을 할 줄 아는 능력은 공덕이고, 그 능력을 사용해 따뜻한 말을 했는지, 차가운 말을 했는지가 바로 복덕입니다.

공덕은 평등하지만, 복덕에는 차등이 있습니다. 공덕은 항상 지금 여기에 있지만, 복덕은 생겨나자마자 과거가 됩니다. 지나가 버린 것이지요.

其福德 不可思量
기복덕 불가사량

그 복덕은 생각으로는 헤아릴 수 없다.
- 『금강경』「묘행무주분」

그렇습니다. 우리는 복덕을 무한히 만들어낼 수 있습니다. 칭찬도, 미움도, 용서도, 원망도 모두 우리가 짓는 복덕입니다. 그리고 모든 복덕의 뿌리는 우리 안의 '의미를 짓는 능력', 즉 공덕입니다. 공덕은 누구나 지니고 있습니다. 단지 보이지 않을 뿐입니다.

그런데 그 공덕을 어떤 방식으로 쓰느냐에 따라 복덕의 내용은 완전히 달라집니다. 누군가를 미워하는 복덕을 지을 수도 있습니다. '어떻게 하면 노력하지 않고 돈을 벌 수 있을까?' 하는 생각도 하나의 복덕입니다. 다시 말해, 공덕에는 죄가 없지만, 그로 인해 생겨난 복덕에는 죄가 있을 수도, 복이 있을 수도 있다는 겁니다. 의미도 같습니다. 의미를 지을 줄 아는 능력은 공덕이지만, 그 의미를 미움이나 원망, 질투로 빚어낸다면 그것은 꽤나 고통스러운 복덕이 되겠죠.

공덕의 이름, 보살

불경에서는 이와 같은 정신의 능력, 즉 공덕의 하나하나에 이름을 붙입니다. 그리고 그 이름 뒤에 '보살'이라는 말을 붙였습니다. 관세음보살, 문수보살, 보현보살, 지장보살…. 이 모두는 어떤 신적 존재가 아니라, 우리 안에 본래부터 갖춰진 정신의 능력에 붙인 이름입니다. 보살들은 중생을 위해 일한다고 하지요. 여기서 중생(衆生)은 '무리 지어 생겨난 것들'을 뜻합니다. 더 깊이 보면, 보살이라는 이름의 우리 안의 공덕이 복덕으로 드러나 무수한 의미와 행위로 세상 속에 나타난 것, 그것이 바로 중생입니다.

 공덕은 본래 죄가 없고, 차별이 없으며, 무너지지도 않습니다. 하지만 그 공덕이 어떻게 쓰이느냐에 따라 그 결과물인 복덕은 수없이 많은 방향으로 드러납니다. 그래서 불교에서는 '부처의 공덕은 무한하고, 복덕은 불가사의하다.'라고 합니다. 부처님의 이야기이면서 동시에 우리의 이야기이기도 합니다.

 여러분의 정신의 능력, 곧 공덕을 어떻게 쓰느냐에 따라서 여러분 앞에 펼쳐지는 세상의 빛깔이 달라집니다. 똑같은 세상을 보고도 어떤 사람은 고맙다고 말하고, 어떤 사람은 원망스럽다고 하지요. 각자 의미를 담는 방식이 다르기 때문입니다.

> 그래서 사리불아. 만약에 사람의 마음이 깨끗하다고 문득 보게 된다면, 내가 지금까지 살아왔던 이 땅이, 공덕이, 나의 정신의 능력이 장엄된다.
> - 『유마경』「불국품」

『유마경』의 이 구절은 무엇을 의미하는 걸까요? '열심히 절하면 복을 받는다.', '기도하면 더 나은 인생이 열린다.'와 같은 뜻일까요? 우리가 보고 있는 이 세상이 사실은 나의 정신 능력, 즉 공덕으로 인해 드러났다는 뜻입니다. 내가 살아왔던 땅, 함께 살아온 사람들, 내가 지금까지 겪은 모든 경험이 내 마음의 공덕이 만든 세계라는 겁니다. 마음이 깨끗해지면, 그제야 그 자리에서 그 세계가 이미 그렇게 존재하고 있었음을 문득 깨닫게 됩니다.

이런 질문을 받은 적이 있습니다. "누군가가 제게 욕할 때, 어떻게 하면 상처를 안 받을 수 있을까요?" 보통은 욕하는 사람을 멀리하고 싶어지지요. 혹은 욕을 아예 듣지 않는 방법을 찾으려 합니다. 그런데 그게 가능할까요? 멀리하고 싶어도 가까이할 수밖에 없는 관계가 있고, 그 사람에게 욕을 듣지 않더라도 또 다른 누군가가 내게 싫은 말을 할 수도 있습니다. 사람마다 생각하는 기준도 다릅니다. 누군가의 기준으로는 내 장점이 단점으로 느껴지기도 하고, 단점이 또 장점으로 보이기도 합니다. 그 사람의 공덕이 만든 그만의 세상이기 때문입니다.

그럼 어떻게 하는 게 좋을까요? 때로는 '그런가 보다.' 하고 넘어가야 할 필요도 있습니다. 그 사람의 견해, 그 사람의 공덕으로 장엄된 세계를 내가 바꿀 수는 없으니까요.

'세상은 이런 곳이야.', '보만 스님은 이런 사람이야.'라고 생각하는 여러분의 견해를 누가 막을 수 있겠습니까? 아무도 막지 못합니다. 자기 세계의 주인은 바로 자신이에요. 모든 것을 결정하고 판단하고 기준 짓는 사람은 바로 자기 자신입니다.

그래서 공덕으로 세상을 장엄하는 정신의 위대한 능력을 아무도 막지 못합니다. 우리는 그 장엄의 주인입니다. 주인으로서 내 안의 공덕을 어떻게 쓰고, 어떤 의미를 담고, 어떤 복덕을 지어낼지를 배우는 것, 그것이 곧 마음공부입니다.

같은 사건 다른 의미

제가 중학교 3학년 여름의 일이었습니다. 하교 후 절에 돌아가려면 버스에서 내려 2차선 지방도를 건너야 했는데, 길 건너편에 하얀 털의 작고 귀여운 강아지 한 마리가 떨고 있었습니다. 좁은 도로였지만 차가 꽤 많이 다니는 길이라 걱정스럽게 지켜보고 있는데, 순간 강아지가 도로로 뛰어들었고 그대로 차에 치이고 말았습니다. 눈앞에서 강아지가 피를 흘리며 죽어가는 모습을 보면서, 제가 친 것도 아닌데 이상하게 가슴이 답답하고 아팠어요. 차는 이미 지나갔지만 저는 그 자리를 떠날 수가 없었습니다. 할 수 있는 게 아무것도 없다는 사실에 초라해진 기분이 들었지요. 강아지가 다른 차에 의해 더 훼손되지 않도록 한쪽으로 옮긴 뒤, 절에 가서 삽을 들고 왔어요. 진심으로 기도하며 조심스레 묻었습니다. 그리고 그날 저녁, 제 마음을 큰스님께 털어놓았습니다.

"스님, 강아지가 차에 치여 죽는 걸 보고 너무 속상했습니다. 제가 죽인 것도 아닌데 자꾸 죄책감이 들고, 마음이 무거웠습니다." 그랬더니 스승님께서 웃으며 물으셨습니다. "보만아, 장미는 무슨 색이니?", "빨간색이요.", "피는 무슨 색이지?", "빨간색입니다.", "그런데 왜 장미를 볼 때와 피를 볼 때 느낌이 다를까?"

스님의 질문에 저는 잠시 멍해졌습니다. 눈은 단지 색깔을 볼 뿐인데, 왜 장미의 빨간색과 피의 빨간색은 우리 마음에 다르게 다가올까요? 눈에 보이는 색이 아니라, 그 색에 담은 의미 때문입니다. 장미에는 사랑과 아름다움을, 피에는 고통과 죽음이라는 의미가 기억으로 저장되어 같은 색을 전혀 다르게 느끼게 한 것이었습니다.

이처럼 우리가 겪는 감정의 많은 부분은 실제 사건 자체보다, 사건에 담긴 의미의 해석에서 비롯됩니다. 그리고 의미는 대부분 기억을 통해 학습된 것이지요. 죽음을 슬퍼하는 문화에서는 장례식장에서 곡성이 끊이지 않지만, 죽음을 새로운 탄생으로 여기는 문화에서는 환하게 웃으며 망자를 보내기도 하잖아요. 같은 사건도 해석에 따라 전혀 다른 의미를 갖습니다. 바로 그 차이가 세계를 만들어 내는 것이지요.

　우리는 색깔을 있는 그대로 보지 못했습니다. 소리도, 맛도, 감촉도…. 전부 의미를 얹어 해석하며 살아왔어요. 그렇게 의미를 뒤섞어 세상을 바라보는 것이 중생의 세계입니다. 그래서 불교에서는 의미를 더하는 연습보다는 의미를 빼는 연습을 먼저 하라고 가르칩니다.

의미 빼기와 의미 더하기

우리는 의미를 담을 줄도 알고, 뺄 줄도 아는 능력을 갖춘 존재입니다. 이 두 가지는 모두 마음의 공덕, 다시 말해 정신의 능력입니다. 따라서 의미를 언제, 어떻게 바르게 써야 하는지도 알아야 합니다.

　제가 여러분에게 날카로운 칼 한 자루를 드리겠습니다. 이 칼은 아주 예리해서, 손을 대기만 해도 베일 것 같습니다. 그런데 이 칼을 처음 쥔 여러분이 칼날과 손잡이의 위치를 모른다면 어떻게 될까요? 아마 칼날을 잡아서 자신이 다칠 수도 있고, 칼을 함부로 다뤄서 남을 다치게 할 수도 있습니다.

　의미를 다루는 능력도 마찬가지입니다. 어디가 손잡이고 어디가 칼날인지, 어떻게 써야 하는지 제대로 배우고 사용해야 자신이 다치지 않고 남도 해치지 않습니다. 우리는 모두 의미라는 위대한 칼을 가지고 있습니다. 이 칼로 미움을 만들 수도 있고, 이해와 자비를 만들 수도 있습니다. 의미를 더할 줄 아는 능력은 죄가 아닙니다. 다만 그 의미가 어디서 왔는지, 어떤 기억에서 비롯되었는지, 그리고 그 의미가 누구의 것인지를 알고 쓰는 것이 중요합니다.

'좋은 의미를 가져라.'라는 건 사실 이룰 수 없는 말이기도 합니다. 의미는 기억의 지배를 받으며, 또한 상대적이기 때문입니다. 내게는 좋은 의미가 타인에게도 좋은 의미일지는 아무도 모릅니다. 게다가 좋은 의미를 붙이려 노력해도, 내 기억이 고단하고 고통스럽다면 세상은 여전히 무겁고 버겁게 느껴집니다.

의미의 작용에 대해 알지 못하면 자기 견해를 바꿀 수도 없습니다. 지나간 기억을 근거로 판단해 의미를 짓고, 상대방에게 나쁜 사람이라는 이름표를 붙이는 순간, 그 사람은 내가 가진 세계 속에서 결코 다른 모습으로 바뀔 수 없습니다. 설령 상대가 바뀌었더라도 여전히 부정적으로 보일 것입니다. 세상을 규정짓고 그 무게를 실어주는 이 능력, 얼마나 위대한가요. 그래서 좋은 의미를 갖기 위해 노력하기 보단, 의미를 어떻게 다룰 것인가가 먼저여야 합니다.

이 세계는 각자의 기억, 각자의 의미, 각자의 공덕에 의해 만들어집니다. 눈에 보이지 않는 정신이 그물처럼 얽히고설킨 풍경이지요. 『아미타경』에서는 이를 이렇게 표현합니다.

> 저 불국토는 미세한 바람만 불어 움직여도 줄지어진 모든 보배의 나무와 보배의 그물망에서 미묘한 소리가 나오는데.
> - 『아미타경』

'보배의 그물'이 바로 우리의 정신입니다. '너'의 그물과 '나'의 그

물이 부딪히고, 얽히고, 흔들리며 소리를 내고 있습니다. 때론 거칠고, 때론 고요하며, 때론 아름답기도 하지요. 서로 욕을 하거나 싸움을 해도, 사실은 두 사람의 위대한 공덕이 부딪히고 있는 것입니다. 우리가 의미를 어떻게 다루느냐에 따라 그물망의 울림은 달라집니다.

그래서 〈불교심리학〉은 정신적 능력을 가장 높고 아름답게 활용하는 방법을 배우는 시간입니다. 〈불교심리학〉을 공부하는 여러분들은 보배로 된 그물을 가장 아름답게 쓰고 있는 셈입니다. 우리의 인격과 인성을 가장 높이 끌어올리는 더없이 귀한 기회이지요.

의미가 무엇인지 아는 사람은 의미 속으로 빠져들지 않습니다. 아름다운 의미를 담으면 여러분의 세계도 아름다워지고, 추한 의미를 담으면 삶은 거칠고 힘들어집니다. 선택은 자신의 몫입니다. 눈, 귀, 코, 입, 몸은 모두에게 평등하지만, 어떻게 의미를 담고 덜어 낼지는 오직 여러분의 선택입니다.

◆ 여기서 멈추지 말고, 부록 〈내 마음 관찰 노트〉 276쪽에서 조금 더 깊이 내 마음을 들여다보세요.

6

[사용 시 주의 사항②]

마음을 요동치게 만드는 '화'

화는 누구에게나 일어날 수 있는 마음의 움직임입니다. 그 자체로 죄가 되는 것도, 나쁜 것도 아니에요. 하지만 우리는 화를 '내면 안 되는 것'으로만 배웠습니다. 통제할 수 없는 화가 계속 쌓이고, 주변에 상처만 주었으니까요. 이제는 생각을 바꿔야 합니다. 화를 다뤄야 할 정신의 능력으로 바라보는 겁니다. 그 능력을 제대로 갖추는 것은 화와 '나' 사이의 건강한 거리두기입니다.

알지 못하는 것에 두려움을 느낀다

지금까지 생각과 의미, 그리고 그것을 바라보는 마음의 구조를 살펴봤습니다. 의미는 본래부터 있던 게 아니라 각자가 만든 것이고, 의미를 어떻게 담느냐에 따라 기쁨도, 고통도 달라질 수 있다는 이야기였지요. 이제부터는 조금 더 현실적인 이야기를 해 보려 합니다.

예전에 꽤 큰 지진이 났던 적이 있었어요. 스님들과 함께 지내는 삽살개, 무량이가 개집에 들어가 벌벌 떨고 있더라고요. 항상 의기양양한 녀석이었는데, 그날은 겁에 질려서 아무것도 하지 못하고 숨어 있기만 했습니다. 그 녀석은 왜 그렇게 무서워했을까요? 바로 지진이 무엇인지 몰랐기 때문입니다. 두려움의 핵심은 '모름'에서 옵니다. 불교에서는 이를 무명(無明), 즉 '밝음이 없는 상태'라고 부릅니다.

저는 어릴 적에 개울가에서 하는 물놀이를 정말 좋아했어요. 밥도 안 먹고 놀 정도였지요. 그런데요, 물속에 있다가 문득 공포가 몰려올 때가 있었습니다. 개울 바닥에 발이 닿지 않을 때, 그리고 물안경 너머로 아래를 내려다봤는데 까맣게 아무것도 보이지 않을 때. 그때 느꼈던 그 오싹한 느낌은 무엇이었을까요? '내가 지금 어디에 있는지 모른다. 그리고 저 아래에 무엇이 있을지 모른다.'라는 막막함과 두려움이었습니다.

또 이런 게임 아시죠? 눈을 가리고 상자 속 물건을 손으로 만지며 이름을 맞추는 게임이요. 평범한 물건인데도, 뭔지 모르는 상태에서 손을 넣으려니 괜히 무섭습니다. 이처럼 '모른다'라는 건 우리를 정말 불안하게 만듭니다.

우리 인생도 마찬가지예요. 내 마음에 지금 어떤 감정이 올라오는지, 왜 이런 기분이 드는지, 감정이 왜 이렇게 오래가는지 알 수 없을 때 사람은 더 불안해집니다. 게다가 앞으로 어떤 일이 벌어질지 예상할 수 없거나, 자신이 어떻게 겪어 내고 이겨 내야 할지 모른다면 불안함을 넘어서 두려움과 막막함이 나를 압도합니다.

요즘 화에 대한 강의 영상도 많죠. 어떤 교수님이 이런 이야기를 하더라고요. "화가 일어나면 잠깐 그 현장을 벗어나 보라." 현장에서 벗어나 자신을 돌아보면, '그럴 일도 아닌데 화를 냈구나.', '내가 괜히 민감했구나.' 하고 느낄 수 있다는 겁니다.

좋은 이야기입니다. 하지만 이런 의문이 들 수도 있습니다. 하루에 화가 열 번, 스무 번 일어나면 그때마다 자리를 피해야 할까요? 화를 내는 자신이 미워질 때마다 매번 '도대체 어떻게 해야 화를 안 낼 수 있을까? 이번에는 또 어디로 도망가야 할까?'라는 고민을 반복해야 할까요? 무슨 일이 벌어지더라도 아무렇지 않은 마음, 평정심이 정말 가능하기는 한 건지 의심이 듭니다.

바로 지금부터 우리가 살펴볼 주제는 마음을 사용할 때 주의해야 할 두 번째 '화'입니다. 화를 없애는 게 아니라, 화가 나도 요동치지 않는 마음. 감정을 있는 그대로 알아차릴 수 있는 힘과 방법에 대해서 살펴보겠습니다.

1. 마음을 멍들게 하는 세 가지 독

어떤 감정에 휩쓸릴 때, 그 중심에 꼭 '화'만 있는 건 아닙니다. 지나친 욕심이 섞여 있을 수도 있고, 어리석은 판단이 그 감정의 바탕에 깔려 있을 수도 있습니다. 이렇게 욕심[貪], 화[瞋], 어리석음[痴]을 마음의 세 가지 독소, '삼독(三毒)'이라고 부릅니다.

 이 세 가지는 모두 자기 안에 있어서 결국에는 자신을 해치고 무너뜨립니다. 그래서 경전에서는 물로도 씻기지 않는 고약한 냄새에 비유해 '악취'라고 표현하지요. 악취가 퍼지면 자신도 괴롭고 주변 사람도 불편하겠죠. 그렇기에 우리는 세 가지 독에 대해 반드시 알아야 합니다.

탐(貪), 나를 초라하게 만드는 욕심

저와 아주 가까운 비구니 스님이 들려주신 어렸을 적 이야기예요. 학교에서 돌아오는 길에 버스를 탔는데, 자리에 앉으려다 5백 원짜리 동전을 발견했다고 합니다. 주인이 누군지도 모르고, 당연히 이름이 적힌 것도 아니었지만 왠지 양심에 걸려 도저히 그 동전을 주머니에 넣을 수가 없었다고 해요. 그래서 어떻게 했냐고요? 엉덩이로 깔고 앉았답니다. 버스에서 내릴 때까지 온 신경은 엉덩이 밑의 동전에 가 있었지만, 마음만 졸였을 뿐 결국 어린 마음에 돈을 줍지도 못하고 그냥 버스에서 내리려고 했대요. 그때 옆에 앉은 아저씨가 "얘야, 너 돈 떨어졌다." 하며 동전을 건네주더랍니다. "그거 제 돈이 아닌데요." 했더니 아저씨는 "괜찮아, 가져도 돼."라고 하셨다는 거예요. 스님께서는 수십 년이 지난 지금도 그날 마음에서 일어났던 욕심과 그 욕심의 불편함을 잊지 못한다고 말씀하셨습니다.

우리는 이미 가진 것이 많아도 놓지를 못합니다. 대부분의 사람들이 같은 색깔의 마음을 쓰고 있으니, 그것이 욕심인지, 상식인지, 삶의 지혜인지조차 잘 모릅니다. 욕심은 하지 않아도 될 고민을 만들어 스스로를 병들게도 하지만, 욕심내는 내 모습을 보고 많은 인연들이 떠나가게도 만듭니다. 주변을 돌아보지 못하게 하고, 사랑하는 사람들을 아프게 만들며, 표정을 모질게 바꿀 뿐 아니라 초라해 보이게까지 합니다. 욕심[貪]은 우리가 지닌 아름다움을 죽이는 첫 번째 독입니다.

진(瞋), 내가 세운 기준이 만든 화

'성낼 진(瞋)'이라는 글자 모양을 살펴보면 '눈 목(目)'자 옆에 '참 진(眞)'자가 붙어 있어요. 저는 이를 두고 '진지해진 눈빛'이라고 해석하고 싶습니다. 참인가, 거짓인가를 진지하게 고민하고 분별하는 눈빛 말이지요. 그러니 자신이 옳다고 여긴 것과 다른 모습이 눈앞에 보이면, '왜 저래.', '저 사람 생각은 틀렸어.' 하며 성을 냅니다. 자신이 생각하는 참된 것을 기준으로 삼아, 내가 하는 것이 항상 옳다고 여기게 되지요. 우리의 평화로움을 죽이는 두 번째 독, 화는 대부분 이런 상황에서 일어납니다.

특히 자녀에게 화를 내는 경우가 그렇습니다. 등교 시간이 가까워지는데도 머리도 안 감고, 이불도 안 개고, 밥도 안 먹으려고 하는 자녀들이 있습니다. 부모 입장에서는 그 모든 행동이 옳지 않은 것들이죠. 자기 기준에서 벗어난 행동이니까요. 그때 화가 납니다. 그래서 진(瞋)은 '내가 정한 진실'로 세상을 재단하는 마음입니다. 결국 그 화는 나를 다치게 만들고, 또한 주변의 마음에도 상처를 남깁니다.

한 남성분이 이렇게 불평했습니다. "스님. 도대체 우리 아내는 왜 옷장문을 열어 놓고 안 닫는 걸까요?" 그때 제가 말했어요. "그럼 그냥 닫으면 되죠." 다시 열려 있으면 또 닫으면 됩니다. 하지만 의미를 빼는 연습이 안 된 사람은 어떨까요? "이건 나를 무시하는 거야!", "왜 나만 치우게 해?" 하며 화를 냅니다.

또 다른 분은 이런 이야기를 하셨습니다. "남편이 화장실 슬리퍼 한 짝을 꼭 변기 옆에다 벗어 놓아요. 일부러 저기다 놔두는 걸까요?" 이 경우도 마찬가지입니다. 그저 슬리퍼를 주워 놓으면 끝이에요. 하지만 거기에 '일부러 그런다.' 또는 '내가 이야기해도 소용 없다.'라는 의미를 붙이는 순간, 진지한 감정이 일어나고 싸움이 시작됩니다.

화는 참으려고 마음먹는다고 해서 일어나지 않는 게 아니에요. '화내지 말아야지.' 한다고 해서 되는 게 아닙니다. 그동안 나만의 의미를 덧씌우며 살았다는 것을 깨닫고, 눈으로는 색깔을 보고, 귀로는 소리만 들으며 의미를 부여하지 않는 연습이 필요합니다. 그리고 때때로 의미를 사용하면서도 '이건 나만의 의미다. 상대는 다르게 생각할 수 있다.'라는 점을 잊지 말아야 합니다.

치(痴), 인과를 모르는 상태

그러고 보니, 욕심과 화에는 이유라도 있을 텐데, 세 번째 독인 어리석음은 그것조차 없습니다. 'A를 하면 B가 된다.'라는 기본적인 인과조차 모르는 상태, 잘못된 원인을 믿고 잘못된 결과를 만들어 내는 상태, 그러면서도 자신이 뭘 잘못했는지 모르는 상태. 이게 바로 불교에서 가장 경계하는 어리석음[癡]입니다.

모닥불을 피우면 당연히 연기가 납니다. 연기를 마시면 기침이 나고 눈이 따갑지요. 그런데 그 원인이 불이라는 사실을 알지 못한다면, 끝없이 불을 피우면서도 기침과 눈물을 멈출 방법만 찾아 헤매게 됩니다. 정작 문제는 불인데, 그걸 보지 못하는 거죠.

이처럼 원인을 제대로 알지 못한 채 결과만 바꾸려고 노력하지만 기침과 눈물이 멎는 날은 영영 오지 않을 것입니다. 그로 인한 피해는 고스란히 자신에게 돌아올 거고요. 그래서 어리석음은 자기 자신을 해치는 가장 깊은 어둠이라 합니다.

탐·진·치, 세 가지가 내 안에서 진동할 때, 나는 평소의 내가 아니게 됩니다. 그래서 항상 욕심이나 화를 낸 후에 이런 생각이 들지요. '그때 내가 왜 그랬지?' 그 순간만큼은 이성적이고 논리적인 판단을 하지 못하고, 무언가에 홀려 자기 생각을 돌아보지 못했기 때문입니다. 삼독은 누구에게나 있습니다. 그러나 지혜로운 사람은 삼독에 빠지거나 더 키워내지 않습니다.

이 삼독 가운데 가장 즉각적인 결과를 만들어 내는 것이 바로 '화'입니다. 여러 감정 중에서도 유난히 강하고 빠르게 일어나는 성질입니다. 내가 이성적으로 조절할 수 없을 만큼 폭발적으로 터져 나오며, 자신을 비롯한 주변의 모든 것을 태워 버립니다.

화를 내기 전에 미리 알아차릴 방법은 없을까요? 그리고 그 화가 일어나더라도, 자신을 무너뜨리지 않고 긍정적으로 사용할 방법은 없을까요? 지금부터 우리의 탕아, 화에 관해서 더 자세하게 이야기 해 보겠습니다.

2. 화의 정체를 보다

화의 네 가지 얼굴

화를 '내지 말아야 할 것'으로만 여기면, 우리는 끝끝내 화에 끌려다닐 수밖에 없습니다. 화를 없애는 법이 아니라, 화의 본모습을 보는 법을 먼저 알아야 합니다. 화에는 네 가지 얼굴이 있습니다.

첫째, 망각입니다. 화를 낼 때, 사람은 자기가 어떤 얼굴을 하고 있는지 잊어버려요. 내가 지금 어떤 말을 하고 있고, 어떤 표정을 짓고 있는지 돌아볼 틈도 없이 화에 휩쓸리게 됩니다.

둘째, 폭력성입니다. 화를 내는 순간, 말과 행동이 거칠어지기 쉽습니다. 말은 칼이 되어 상대를 베고, 행동은 벽이 되어 관계를 막아버립니다. 결국 인연을 슬프게 하고 상처 입히게 됩니다.

셋째, 우울과 자기파괴입니다. 화를 억누르다 보면 화는 안으로 스며들어 나를 찌릅니다. 밖으로 내지르면 후회가 남고, 안으로 삼키면 병이 됩니다.

넷째, 전염성입니다. 화는 옆 사람에게 옮겨가고, 주변의 공기마저 탁하게 만듭니다. 그래서 경전에서는 '화' 역시 악취라고 표현했습니다. 한 사람의 나쁜 냄새로 인해 주변의 모두가 숨쉬기 어려워지는 것처럼, 화도 마찬가지입니다.

앞서 언급한 대로, '화'는 옳다고 믿는 기준에서 벗어난 무엇인가를 마주할 때 시작된다고 했습니다. 불교에서 말하는 여섯 가지 마음의 세계가 있습니다. 천(天), 인간(人), 아수라(阿修羅), 축생(畜生), 아귀(餓鬼), 지옥(地獄). 이것을 육도윤회(六道輪廻)라고 합니다. 우리는 삶과 죽음의 영원한 여행을 하며, 이 여섯 가지의 모습으로 윤회한다는 의미입니다. 그중 아수라는 늘 전쟁을 합니다. 난장판이 된 모습을 보고 '아수라장(阿修羅場)' 같다고 표현하지요. 아수라는 항상 싸우고 파괴하는 존재이기에, 그들이 모여 있는 곳은 전쟁터와 다름없습니다. 불경에서는 아수라들이 끝없는 분노와 끝없는 목숨을 지녔다고 표현합니다. 전쟁하다 팔이 잘리면 다시 팔이 붙고, 머리가 잘려도 다시 자라나기 때문에, 그들은 영원히 싸움을 멈추지 못한다고 합니다.

아수라는 도대체 왜 싸울까요? 자기가 옳다고 믿기 때문입니다. 그러니 '틀리다'라고 하는 상대를 보면 싸움을 거는 것이지요. 하지만 아무리 싸워도 상대방은 바뀌지 않습니다. 왜냐하면 그도 역시 자기가 옳다고 믿고 있으니까요. 전쟁은 내가 옳다고 믿는 자들끼리의 싸움입니다.

반면, 천인 즉 하늘 사람은 어떨까요? 천인은 옳고 그름, 맞고 틀림이라는 분별이 없습니다. 다시 말해 앞서 설명했던 '심각한 의미'에 빠지지 않습니다. 그래서 아수라는 천인을 보면 분노합니다. '왜 저렇게 멀쩡한 척하고 있지?', '우리는 이렇게 힘든데 저들은 왜 편하고 행복해 보이지?' 하지만 싸움은 결국 천인이 이깁니다. 옳고 그름이 없는 자, 심각하지 않은 자, 그래서 싸움을 원하지 않는 자를 이길 수 있는 사람은 없기 때문입니다.

화를 냈던 이유는 여러분이 나빠서가 아닙니다. 그저 '이건 이렇게 되어야 해.', '저 사람은 저렇게 하면 안 돼.'라는 기준과 의지가 있었기 때문에, 그에 부합하지 않은 상황이나 사람을 보았을 때 화가 일어난 겁니다. 그렇다면 정말로 화는 없어져야만 하는 걸까요? 아닙니다. 화는 우리 안에 본래 갖추어진 하나의 정신 능력입니다. '이건 꼭 해야 돼.', '저건 바꿔야 돼.', '내가 나서야 돼.' 그런 하고자 하는 마음, 의지의 에너지에서 화는 시작됩니다.

화는 어디서 왔을까?

손뼉을 칠 때 나는 박수 소리는 왼손이나 오른손에 있지 않았습니다. 소리는 그 어디에도 없다가 두 손이 맞닿는 순간 생겨났습니다. 화도 똑같습니다. 처음에는 어디에도 없던 게 느닷없이 나타나 우리의 마음을 온통 물들이지요.

앞에서 이야기한 지진이 났던 때를 떠올려 봅니다. 바닥과 벽이 흔들리는 순간 매우 당황스럽고 무서웠습니다. 갑작스럽게 일어난 지진이었어요. 지진이 멈춘 뒤, 조용해진 방 안에서 휴대폰을 들여다봤습니다. 혹시 누군가가 괜찮냐는 연락을 하지 않았을까 하는 마음이었지요. 그런데 아무 연락도 없더군요. 메시지 한 통 들어와 있지 않은 휴대폰을 보는 순간, 괜히 서운해졌습니다. '이렇게 큰 지진이 났는데, 아무도 나한테 연락을 안 했다고?' 그 마음이 계속 이어지다 보니, 점점 화로 변하는 것 같기도 했습니다.

그런데 가만히 생각해 보면, 지진이 일어난 그 순간엔 서운한 마음이 없었습니다. 그저 놀라고, 무섭고, 당황스러운 생각뿐이었죠. 그러다 휴대폰을 보는 그 순간 그제야 서운함이 올라오고, 그게 화로 바뀌었습니다.

그 화는 도대체 어디에서 온 걸까요? 휴대폰에서 온 것도 아니고, 누군가가 제게 화를 낼만한 말을 한 것도 아니에요. 화는 화가 없던 자리에서 일어난 것이었습니다. 화가 없는 자리에서 왔기 때문에, 화가 곧 주저앉아도 화의 찌꺼기를 찾을 수 없습니다. 완전히 사라져 버리는 것이지요.

처음부터 화가 '있는 것'이라고 여긴다면, 화를 없애거나 억누르거나 다른 사람에게 떠넘기려고 할지도 모릅니다. 하지만 화는 눈에 보이는 게 아닙니다. 화라는 작용이 느껴지기만 할 뿐, 실제로 존재하지는 않습니다.

3. 화는 반드시 사라진다

화는 누구에게나 일어날 수 있는 마음의 움직임입니다. 그 자체로 죄가 되는 것도, 나쁜 것도 아니에요. 하지만 우리는 화를 '내면 안 되는 것'으로만 배웠습니다. 그래서 억누르고, 참는 연습만 해 왔지요. 그러다 보면 통제할 수 없는 화가 계속해서 쌓이고, 가장 가까운 사람에게 상처 주는 일이 생깁니다. 화를 내선 안 된다고만 여기는 태도는, 모닥불을 피우면서 기침과 연기가 사라지길 바라는 것과 같습니다.

    이제는 생각을 바꿔야 합니다. 화를 없애야 할 대상으로 바라보는 게 아니라, 다뤄야 할 정신의 능력으로 바라보는 겁니다. 그 능력을 제대로 바라보는 것은 화와 '나' 사이의 건강한 거리를 유지하는 비결이 될 수 있습니다.

가만히 두면 사라진다
화가 일어났을 때, 화를 표현하거나 없애려 들지 말고 한번 가만히 두어 보세요. 화는 반드시 사라집니다. 화가 일어났다는 것을 알아차리는 그 순간 그때의 나는 이미 '화' 그 자체가 아니라 '화를 바라보는 나'가 되어 있습니다. '내가 지금 화가 났구나.'를 보는 '나'와 '화'는 같을 수 없습니다. 보는 자는 보는 대상이 아니기 때문입니다. 나에게 화가 일어났음을 알았다면, 이미 그 화는 내 앞에 있습니다. 그렇기 때문에 화가 일어났음을 알 수 있는 것이지요.

하지만 우리에게는 화를 '나'로 삼아 버리는 오랜 습관이 있습니다. 그래서 자신도 모르는 사이에 화가 되어 불같이 성을 내고, 그리고 나서야 자신이 실수했다는 생각에 후회와 자책을 합니다.

이제는 방식을 바꿔야 합니다. 화가 일어났음을 먼저 깨닫고, 나는 그것을 바라보는 존재라는 사실을 확인하며 이렇게 생각하는 겁니다. '방금 전까지 이 화는 내 마음 어디에도 없었어. 어디서 온 건지 알 수 없는 이건 분명히 사라질 거야.' 생겨난 모든 것은 반드시 사라진다는 사실을 믿는 수행자, 그를 두고 무상법을 수행하는 사람이라고 합니다. 이 사유법은 화가 났음을 스스로 알아차렸을 때, 화에 끌려가지 않도록 해주는 지혜로운 방법입니다.

솔직하게 이야기해 보기

화를 다스리는 데 가장 간편한 방법 중 하나는 솔직하게 말하는 것입니다. "제 마음이 좀 불편해요.", "방금 그 말에 제 마음이 아팠습니다."라며 마음을 직접 표현하는 순간, 감정은 급격히 가라앉기 시작합니다. 억누르거나 삼키는 대신 진솔하게 드러내는 것이 훨씬 지혜롭고 용기 있는 태도이지요. 그렇게 한마디를 꺼내는 순간, 나는 더 이상 '화'가 아니라 '화를 바라보는 나'로 돌아오게 됩니다.

누군가에게 화가 났을 때 씩씩거리기만 하거나, '이런 이야기를 꺼내면 내가 괜히 한심해 보이겠지.' 하고 마음을 닫는 대신, 솔직하게 이야기해 보는 거예요. 그 순간 화를 일으켰던 첫 번째 생각은 이미 흘러가 버립니다. 그리고 감정을 말하는 자신은 생각 속에 매몰되어 있지 않고, 감정을 바라보는 자리에 서 있게 됩니다. 마치 풍경화를 보듯, 다른 사람의 이야기를 전하듯 자기 마음을 바라볼 수 있는 여유가 생기지요. 어느새 '화'라는 감정의 절반쯤은 사라져 있습니다.

물론 쉽지는 않습니다. 오히려 인상을 쓰거나 냉소적인 말투로 감정을 표현하는 데 더 익숙합니다. 때로는 '나를 좀 알아달라.'는 마음에서 일부러 화를 내기도 하지요. 그러나 그것은 어리석은 방식입니다. 마음이 상했을 때 차분한 말투로 속마음을 솔직히 드러내는 일은 분명 용기가 필요한 일입니다.

화를 낸 '나'를 상상해 보기

우리는 평소에 화를 낼 때, 그 이후에 어떤 일이 일어날지를 잘 생각하지 못합니다. 화를 낸 뒤에 상대방과의 관계가 멀어질 수 있다는 사실을 미처 떠올리지 못하죠. 왜 그럴까요? 화를 내는 순간, 상대방이 어떤 기분일지 딱히 배워 본 적이 없기 때문입니다. 그리고 많은 사람들은 화가 났을 때, 다른 방식으로 감정을 표현하는 방법도 배우지 못한 채 살아왔습니다.

그건 망치 하나만으로 집을 지으려는 것과 같아요. 망치밖에 없으면 무슨 일을 하든 망치부터 들게 됩니다. 화내는 방법밖에 모르고 자란 사람의 경우, 불편한 마음을 표현하려다 보면 결국 화를 낼 수밖에 없습니다. 할 줄 아는 게 그것밖에 없기 때문이죠.

가시가 있는 밤송이를 손으로 만지면 찔립니다. 그런데 밤송이가 멀리 떨어져 있다면, 가시에 찔릴 일이 없습니다. 밤송이에 찔리는 사람은 밤송이 가까이에 있는 이들이지요. 화도 마찬가지입니다. 자신이 화를 내면, 가장 큰 상처를 입는 사람은 바로 내 옆에 있는 이들입니다. 내 곁에 있는 가장 사랑하는 사람, 서로를 신뢰하면서 함께 인생길을 걷고 있는 그들이 가장 먼저 상처를 받습니다. 화를 낸 이유가 무엇이든 간에, 결과만 보면 결국 가장 아끼는 사람을 다치게 한 셈이 됩니다. 참 안타까운 일입니다.

화를 내면 안 된다는 뜻이 아닙니다. 감정을 표현할 땐 스스로 통제할 수 있는 상태에서 분명한 의도를 가지고 사용해야 합니다. 그래서 화를 낼 때는 더더욱 분명한 목적이 있어야 해요. 왜 화를 내는가, 그 화는 어느 곳을 향하고 있는가. 목적이 분명할 때, 화는 매섭지만 훌륭한 방편이 될 수도 있습니다.

지혜롭게 화내기

어머니와 함께 절에 자주 오던 딸이 있었습니다. 어머니에게 함부로 말을 놓고, 공공장소에서도 예의 없이 행동하던 친구였죠. 하루는 아이가 차담 중이던 문을 벌컥 열고 들어와 늘 하던 대로 어머니에게 함부로 말하길래, 그 자리에서 단호하게 말했습니다. "어머니는 네 친구가 아니야. 네 행동이 예의 없는 딸을 둔 어머니를 만들고 있잖아!" 그 뒤 어머니에게도 이야기했습니다. "애들 교육을 이런 식으로 시키실 거라면, 절에서 공부한다고 말하지 마세요." 그날 이후, 모녀는 어떻게 달라졌을까요? 아이는 어머니에게 존댓말을 쓰고, 어머니는 더 꾸준히 절에 나오기 시작했습니다. 몇 년이 지난 후에 아이와 대화를 나눴었는데, "그때 스님이 무섭긴 했지만, 진심으로 저를 위해 혼내신 걸 알았어요. 그래서 속상하진 않았어요."라고 하더군요. 저는 표현하지 않았지만 가슴을 쓸어내렸습니다. 그리고 그 아이에게 스님의 마음을 알아줘서 고맙다고 인사했습니다.

화를 냈지만, 그 화는 누군가를 억압하거나, 공포심을 만들기 위해서 낸 게 아니었습니다. 한 사람을, 그리고 사람들과의 관계를 더 아름답게 만들기 위한 방편이었습니다. 하지만 저 역시도 결과에 대해서는 조마조마했습니다. 한끗이라도 어긋나면 서운한 마음이 들어 발길을 끊을 수도 있고, 또 너무 무서웠다면 역시 마음을 닫아 버릴 수도 있으니까요.

화는 '써야 할 때 잘 쓰는 것'이 중요합니다. 여기에는 매우 높은 수준의 노하우와 경험이 뒷받침되어야 합니다. 그래서 저는 여러 가지 방법 중에 화를 내는 것을 그렇게 추천하지는 않습니다. 반드시 필요한 경우도 있겠지만, 자주 사용하거나 강도가 모자라거나 지나치면 목적에서 크게 벗어나는 결과를 가져오기 때문입니다. 부

작용이 우려되는 백신이 될 수 있어요. 따라서 화를 내는 것이 누군가를 위한 일이라고 판단된다면 신중하게 실천해야 하고, 특히 상대방과 깊은 신뢰가 전제되어야 한다는 점을 말씀드리고 싶습니다. 억누르지도 않고, 섣부르지도 않으며, 마음을 살리고 관계를 살리는 방향으로 단호함을 사용할 수 있다면, 그 또한 스승으로서 보여 줄 수 있는 자비로운 가르침일 것입니다.

◆ 여기서 멈추지 말고, 부록 〈내 마음 관찰 노트〉 278쪽에서 조금 더 깊이 내 마음을 들여다보세요.

7

[고장 진단법]

문제는 밖이 아니라 내 안에 있었다

정답을 찾는 데만 익숙한 사고방식에서 잠시 벗어나야 합니다. 문제 자체가 잘못되었을 수도 있다는 사실을 보는 것, 답이 있을 수 없는 고민을 괜히 반복해 왔다는 것을 인정하는 것이야 말로 수행자의 눈입니다. 정답을 찾는 것보다 더 중요한 것은 문제 자체를 올바로 보는 견해를 갖추는 것입니다.

마음이 고장 났을 때 먼저 살펴봐야 할 것

5장과 6장에서는 마음이라는 정교한 기계를 다룰 때 가장 조심해야 할 것, 즉 의미를 담는 방식과 감정이 요동칠 때의 대처에 대해 살펴봤습니다. 이제는 조금 다른 방향에서 바라볼 차례입니다. 문제가 발생했을 때 해결에 앞서 어디에서 문제가 시작됐는지를 점검해 보는 것이죠.

우리는 살면서 끊임없이 선택합니다. 점심 메뉴를 고르는 사소한 일부터 관계를 지속할지 말지 고민하는 큰일까지, 하루에도 수없이 크고 작은 갈림길에 서게 되죠. 어떤 선택은 가볍게 하지만, 어떤 것은 며칠을 고민해도 쉽지 않습니다. 하나를 고르면 다른 것을 잃는다는 불안, 실패할까 두려운 마음, 더 좋은 길을 놓쳤을지도 모른다는 후회까지. 결국 이 모든 것들이 우리를 갈등 속에 가둡니다. 하지만 정말 중요한 건 무엇을 선택했느냐가 아니라, 선택을 결정짓기 위해 고민하는 자신의 '사고방식'에 있는지도 모르겠습니다.

선불교 화두 중에 이런 질문이 있습니다.

이 작고 긴 유리병 안에 어린 새가 들어 있다. 세월이 흘러 새는 자랐고, 몸집이 커진 새를 꺼내지 않는다면 새는 곧 죽게 된다. 새를 꺼내자니 병이 깨지고, 병을 보호하자니 새가 죽는다. 이때, 유리병도 깨지 않고, 새도 다치지 않게 꺼내는 방법은 무엇인가?

- 공안 병중아(瓶中鵝), 남전 보원선사와 육긍 대부 간 대화

이 글은 중국으로 불교가 전해져 선불교로 이어지는 과정에서 오랜 세월 전해 내려온 질문입니다. 유리병을 깨지 않고 그 안에 들어 있는 어린 새를 꺼낼 수 있는 방법은 무엇일까요? 겉으로 보기에 불가능할 것 같은 이 문제를 우리는 어떻게 풀어낼 수 있을까요? 유리병이 문제일까요, 새가 문제일까요, 아니면 이 둘을 바라보는 자신의 시선이 문제일까요? 두 가지 가운데 어떤 것을 선택해도 답이 될 수 없는 난감한 상황, 어쩌면 우리를 잠 못들게 하는 고민들을 말하고 있는 것인지도 모르겠습니다. 도저히 풀릴 것 같지도 않은 삶 속의 질문들, 그 답을 지금부터 천천히, 함께 찾아보겠습니다.

1. 견해를 다시 바라봐라

변화의 시작점

사고방식을 바꾼다는 건 어떤 의미일까요? 견해를 바꾼다는 건 단지 생각을 바꾸는 일이 아닙니다. 대상을 바라보는 눈, 과거를 기억하는 마음 그리고 자신에 대한 태도까지 달라지는 일입니다. 이와 관련된 한 장면이 떠오릅니다.

한 번은 교도소에 강의하러 간 적이 있습니다. 그곳에서 수감자 한 명이 큰스님께 수계를 받고 싶다고 했습니다. 학교 문턱을 밟아본 적도 없고, 한글 조차 몰랐던 분이었지요. 하지만 지금까지 강의에 한 번도 빠지지 않고 참석하며, 오랜 시간을 교도소에서 조용히 지내왔다고 했습니다. 수계식에는 아주 잠깐 동안 향불을 팔에 대는 불교 의식이 있습니다. 이를 연비(燃臂)라고 하는데, 화상을 입을 정도는 아니고 따끔한 느낌이 살짝 드는 정도입니다. 그런데 수계식 당일, 연비 의식 도중 향불을 팔에 대려는 순간 수감자는 멈칫거리며 자꾸 손을 뒤로 뺐습니다. 쌀알보다도 작은 향불이, 1초도 안 되는 순간이 뜨겁고 고통스러울 거라 생각한 거겠죠. 그런데 아이러니하게도 그 수감자의 죄목은 살인이었습니다.

우리는 흔히 '그 사람은 원래 그래.', '사람은 원래 안 바뀌어.'라는 말을 쉽게 합니다. 그러나 정말 바뀌지 않는 건 그 사람이 아니라, 그를 바라보는 자신의 시선인지도 모릅니다. 우리는 교도소를 '교정'이 아닌 '수감' 시설로 생각하고 있지는 않나요? 그곳에서 그들이 어떻게 변하고 있는지, 무엇을 배우고 있는지에는 관심이 없는 경우가 대부분입니다. 그저 영원히 사회로 나오지 않기를 바랄 뿐이죠.

작은 향불조차 두려워하는 그의 모습을 기억의 안경을 쓰고 본다면, '남을 잔인하게 살해한 사람이 자기 고통을 이렇게나 두려워한다.'라며 비난할 수도 있습니다. 그러나 우리에게 더 중요한 것은 그 사람에 대한 평가가 아니라, 내가 그를 바라보는 관점이 과연 달라질 수 있는가 하는 점입니다.

기억의 안경

누군가를 '기억의 안경'을 쓰고 바라보는 순간, 현재 그의 모습은 눈에 들어오지 않습니다. 과거에 그가 저질렀던 실수, 좋지 않았던 장면, 내가 품고 있던 감정들 때문에 지금 변화된 모습, 본래 갖추고 있던 아름다운 면모를 전혀 보지 못하게 됩니다.

이런 태도는 갈등이 생겼을 때 더욱 분명히 드러납니다. 문제가 생기면 우리는 자꾸 옳고 그름을 따지려고 합니다. 누가 잘했는지, 누가 더 잘못했는지를 붙들고 늘어지지요. 하지만 두 사람 모두에게 실수는 있기 마련입니다. 중요한 건 잘잘못이 아니라, 어떻게 둘을 하나로 화합할 수 있을까, 서로에게 다시 따뜻한 마음을 만들어 줄 수 있을까 하는 것입니다. 한쪽 편에 서서 과거의 판단에 갇히기보다, 미래를 향해 함께 나아갈 수 있는 길이 무엇일지, 서로가 행복할 수 있는 방법은 무엇일지를 묻는 마음이 필요합니다. 진정한 해답은 이기는 데 있지 않고, 함께 하나가 되는 데 있습니다.

2. 어디에서 시작해야 하는가

병 안에는 새가 없다

결정을 앞두고 마음은 저울처럼 흔들립니다. 이쪽은 안전할까, 저쪽이 더 나을까. 끊임없이 무게를 달아보지만, 어느 쪽에도 확신이 서지 않습니다. 그러다 보니 한 발 내딛어야 할 순간이 자꾸 늦춰지고, 갈등만 깊어집니다.

선택의 고통 앞에서 저는 앞에서 언급했던 선불교의 화두, '유리병 안의 새'를 떠올립니다. 유리병 속에 들어 있던 어린 새가 어느덧 자라 이제는 병을 빠져나올 수 없게 되었다고 합니다. 유리병을 깨뜨리지 않으면서도 새가 다치지 않게 꺼내야 한다는데, 과연 가능한 일일까요?

그런데 잠깐만요. 여러분은 유리병 안에서 새가 자라는 걸 본 적 있나요? 저는 본 적이 없습니다. 애초에 새는 유리병 속에서 자랄 수 없습니다. 정확하게 따지고 보면 이 이야기는 현실에서 일어날 수 없는 상황입니다. 머릿속에서만 상상한 가정이죠. 유리병 속의 새를 꺼내는 방법을 고민하는 우리에게 사실 필요한 건, 정답을 찾는 일이 아니라 '문제를 다시 보는 시선'입니다.

어릴 적부터 우리는 문제에 주어진 보기 중 정답을 고르는 데 익숙해져 왔습니다. 그러다 보니 삶의 문제 앞에서도 자꾸만 '이 중에서 정답은 무엇일까?'라는 질문만 던지곤 합니다. 하지만 삶의 문제는 시험지와 다릅니다. 때로는 애초에 문제 자체가 잘못 출제된 경우도 있습니다. 유리병 안의 새처럼요.

고민을 지우는 네 가지 질문

저희 병원에 불면증 환자가 왔습니다. 불면증이 생기는 원인 중 하나는 바로 끊이지 않는 생각입니다. 잠들어야 할 시간에 잠을 자지 못하고 있다는 건 깨어있다는 의미이고, 이는 꼬리에 꼬리를 무는 생각의 굴레에 빠져들었다는 뜻입니다. '어떻게 해야만 잠을 잘 수 있냐. 매일 밤이 너무 힘들다.'라고 환자가 토로했답니다. 환자와 상담을 하던 스님은 그에게 빈 종이를 건네고, 당장 떠오르는 마음속의 고민 열 가지를 적어보게 하셨습니다. 그리고 아래 네 가지 기준에 따라 해당하는 고민을 하나씩 지워보게 하셨지요.

첫째, 이 고민은 지금 이 순간의 문제인가요?

이미 지나간 일은 더 이상 붙잡아 둘 이유가 없습니다. '그때 아들에게 그런 말을 하지 않았다면 상처받지 않았을 텐데.', '그 일만 없었어도 우리 가족이 더 행복했을 텐데.' 이런 생각들, 누구나 한 번쯤 해보셨을 겁니다. 하지만 그건 지금 이 순간의 일이 아닙니다. 이미 과거로 흘러간 일이지요. 이미 지나간 일이라면 고민 목록에서 과감히 지워야 합니다. 왜냐하면 지금 우리가 할 수 있는 일은 아무것도 없으니까요. 고민한다고 과거가 달라질 수도 없습니다. 네 개쯤은 여기서 바로 없어지더랍니다.

둘째, 그 고민은 실제로 존재하는 사건인가요?

아직 오지 않은 미래에 대한 걱정도 많이들 합니다. '이번 시험에 꼭 붙어야 하는데.', '이번 사업은 꼭 성공해야 하는데.' 실현되지도 않은 미래를 붙잡고 끙끙 앓고 있습니다. 존재하지 않는 일을 붙잡고 괴로워할 이유는 없습니다. 내가 지금 하고 있는 고민이 미래의 사건에 결코 도움이 되지 않는다면, 이 또한 목록에서 삭제합니다.

셋째, 반복되는 문제는 아닌가요?

요즘 많은 직장인들이 퇴사를 고민한다고 합니다. 하지만 사표를 던지지 않는 이상, 다음 날도, 그다음 날도 출근은 해야 합니다. 뾰족한 수 없이 반복되는 일이라면 고민만 한다고 달라질 게 없습니다. 내 힘으로 해결되지 않는 문제라면 더욱 그렇죠. 그런 문제도 망설이지 말고 고민 목록에서 지워야 합니다. 지금 결정해서 해결할 수 있는 문제가 아니라면, 그 고민도 아무런 의미가 없습니다.

넷째, 고민의 결과로 또 다른 고통이 따라오지는 않나요?

자녀에게 큰 기대를 걸고 있는 부모들이 있습니다. '내가 열심히 뒷바라지를 하면 우리 아이가 더 좋은 학교에 진학할 수 있겠지.' 하지만 학교에 진학하는 사람은 부모가 아니라 자녀죠. 자녀에게 바라는 결과는 부모의 노력으로 이룰 수 있는 게 아닙니다. 또 부모의 지나친 간섭과 강요가 오히려 자녀들의 행복을 빼앗는 결과를 낳기도 하고요. 내가 바꿀 수 있는 문제라면 당연히 신중하게 사유해야

겠지만, 나만의 노력으로 결과가 달라질 수 없는 일이라면 그 고민은 그저 자신을 괴롭히는 일에 불과합니다. 아무리 해도 행복해질 수 없다는 말이죠. 누구나 행복한 결론을 얻기 위해 고민하는 거잖아요. 그런데 어떤 노력을 해도 행복해질 수 없다면, 역시 지워야 할 고민입니다.

이렇게 정리하고 나면 남은 고민은 생각보다 많지 않습니다. 실제로 유리병 안에 든 새는 없었듯이, 우리 고민의 대부분도 존재하지 않거나, 이미 지나갔거나, 내가 바꿀 수 없는 것들입니다. 유리병을 깨지 않고 새를 꺼낼 방법을 찾을 게 아니라, 그 안에서 새가 자라고 있는지부터 다시 보는 게 핵심입니다. 질문이 잘못됐다면 답을 찾을 필요도 없으니까요.

복이 될까 흉이 될까

제가 행자 생활을 할 때 일입니다. 어느 날 한 손님이 '올해의 운수'라는 책을 들고 찾아왔어요. 마침 사형 스님이 그 책을 펼쳐 보더니 저를 부르시는 겁니다. "행자야, 생년월일이 어떻게 되노?" 그래서 태어난 연, 월, 일, 시를 또박또박 말씀드렸습니다. 그러자 사형 스님이 책장을 넘기다 말고 큰 소리로, "와~ 너 대길이다, 대길! 올해 대운이야! 큰 복이 들어올 거다. 마음만 먹으면 천지신명이 도와서 못 이룰 일이 없다고 쓰여 있는데?" 하는 겁니다. 사형 스님의 말에 저는 그냥 웃고 말았습니다. 왜냐고요? 현실은요, 그때 막 행자 생활을 시작하고 3주 만에 몸무게가 8킬로그램이나 빠졌거든요. 일은 끝도 없고, 밥은 제때 못 먹고, 마음도 복잡하고 고생은 고생대로 하는데 어디가 대길이냐 싶었던 겁니다. 책을 신문 더미 위로 툭 던지며 '흥. 천지신명 같은 소리하고 있네.' 하고 투덜댔던 기억이 납니다.

그런데 돌이켜보니, 행자 시절의 어려움이 없었더라면 오늘 제가 여러분 앞에서 이 공부를 함께 나눌 수 있었을까요? 아마 그때 대충대충 살았다면, '출가자답게' 살지 않고 엉뚱한 길로 샜다면, 그 시간은 '흉(凶)'이 되었을 겁니다. 하지만 그 시절을 정직하게 잘 견뎌냈고, 덕분에 지금 이 자리에 설 수 있었다면 그때의 고생은 결국 '복(福)'이었던 게 아닐까요? 그러니까 같은 일이더라도 지금을 어떻게 살아내느냐에 따라 지나간 일은 복이 되기도 하고 흉이 되기도 한다는 말입니다.

이 말은 '힘들어도 긍정적으로 생각하라.'라는 단순한 위로가 아닙니다. 현실을 바라보는 방식에 따라, 지금 겪는 고통과 고민이 사실은 자신이 살아가는 데 있어 꼭 필요한 경험이었음을 이해하게 된다는 뜻입니다. 내 앞에 닥친 일들이 불행인지, 아니면 나에게 모처럼 찾아온 귀한 기회이자 전환점인지는 누구도 단정할 수 없습니다.

정답을 찾는 데만 익숙한 사고방식에서 잠시 벗어나야 합니다. 문제 자체가 잘못되었을 수도 있다는 사실을 보고, 답이 없을 고민을 반복해 왔음을 인정하는 것. 그것이 곧 수행자의 눈입니다. 정답을 찾는 것보다 더 중요한 것은 문제 자체를 올바로 보는 견해를 갖추는 일입니다.

3. 보는 자에 따라 달라지는 세계

내 세상은 내 눈에만

세상을 보는 가치는 누구에게 있을까요? 답은 분명합니다. '나'에게 있습니다. 하지만 우리는 종종 그 사실을 놓칩니다. 세상을 바라보는 주체가 자기 자신임을 잊어버리고, 내 눈에 비친 모습이 곧 세상의 전부라고 믿습니다. 그래서 내가 옳다고 여기는 방식이 세상의 기준이어야 한다고 착각합니다.

> 선남자여, 비유하면 청정한 마니보주로부터 다섯 색깔이 나오면 방향에 따라 각각인 것을, 모든 우매함과 어리석음이 저 마니보주를 보되 다섯 가지의 모양이 실제로 있다고 하는 것이다.
> - 『원각경』「보안보살장」

『원각경』에서는 우리가 하는 착각을 보배 구슬을 바라보는 것에 비유합니다. 청정한 구슬에서 다섯 가지 빛이 뿜어져 나오는데, 어리석은 사람은 '빨간 구슬이다.', '파란 구슬이다.'라며 자기 눈에 보인 하나의 색을 구슬의 진실한 모습이라고 여깁니다.

구슬에서 다섯 가지 빛이 뿜어져 나오지만, 방향에 따라 보이는 색깔이 달라집니다. 구슬의 빨간색 측면을 보고 있다면 이 구슬은 온통 빨간 것으로만 생각하게 되고, 노란색 측면을 보고 있다면 노란 구슬로 인식하게 됩니다. 이와 같이 우리의 원각, 곧 본래 자리에서 나타나는 것도 보는 자의 종류에 따라 다르게 보입니다. 그 차이는 구슬에 있지 않습니다. 보는 방향, 곧 보는 사람의 견해에 있을 뿐입니다.

　세상을 바라보는 것도 이와 같습니다. 내가 어떤 시선으로 세상을 보느냐에 따라 전혀 다른 색깔로 비추어집니다. 그리고 우리는 그 색깔이 진짜인 줄 알고, 그 방식이 옳다고 여기며, 때로는 그 견해를 타인에게 강요하기까지 합니다. 그러나 '내가 옳다.'는 믿음이야말로 가장 강력한 착각입니다. 세상은 하나이지만, 우리는 제각각의 눈과 방향으로, 제각각의 색깔을 입혀서 보고 있을 뿐입니다.

기억의 안경을 벗고

> '나'를 말한다는 것은 몸과 마음이라고 하는 '환각의 때'인 것이니 환각의 때를 떠나 대하면 보살이라 이름한다. 그리고 더러움이 다하여 없어지면 곧 더러움을 마주하거나 나아가 그것을 설명하는 이름마저 없다고 하느니라.
>
> -『원각경』「보안보살장」

　자신이 보는 방향에 따라 구슬 색깔을 판단하기 때문에 환상에서 벗어날 수 없습니다. 그 뿌리는 자기 견해를 고집하는 데 있습니다. 결국 '나'를 말한다는 것은 몸과 마음이라는 '환각의 때', 곧 '환상'이자 '기억의 안경'입니다.

우리는 늘 과거가 쌓인 기억의 안경을 쓰고 상대방을 봅니다. 그래서 한 번, 두 번 실수를 반복했던 사람을 보면 아무리 신뢰를 가지려고 해도 미덥지 못한 게 사실이에요. 이미 마음속에 '저 사람은 실수가 많은 사람이야.'라는 인식이 굳어져 버렸기 때문입니다. 기억의 안경을 맹신하면 그 누구에게도 기회를 주지 않는 편협한 사람이 되어 버립니다.

그런데 생각은 찰나도 머물지 못하고 사라지잖아요. 기억도 마찬가지입니다. 찰나를 견디지 못하고 과거로 사라지지요. 누군가를 오해하고 있다면, 그 또한 찰나에 과거로 사라집니다. 지금 이 순간을 바라보는 것만이 실재입니다.

결국 우리가 잊지 말아야 할 것은 지금 이 순간 내가 어떤 안경을 쓰고 있는가입니다. 그 안경을 벗으면 세상은 더 이상 빨갛지도, 파랗지도 않습니다. 그저 맑고 깨끗한 하나의 구슬, 있는 그대로의 세계가 드러날 뿐입니다.

말이 남긴 그림자

앞서 우리는 기억의 안경, 환각의 때에 가려 세상을 바라보는 방식이 왜곡될 수 있다는 이야기를 나눴습니다. 그렇다면 왜곡된 방식으로 세상을 보고, 말하고, 행동한 결과는 어디에 도달할까요?

생각은 찰나에 사라지지만, 생각의 과보는 반드시 기다리고 있습니다. 지혜로운 사람은 모든 것이 사라진다는 사실도, 생각의 과보가 있다는 사실도 압니다. 그래서 자신이 받을 과보까지 고려하여 지금 이 순간의 생각을 점검합니다. 좋은 일을 할 때조차, 그 일이 반드시 좋은 결과로만 이어지는 것은 아님을 알기에 '지금의 좋은 의도'만으로 행동하지 않습니다. 의도는 선할 수 있어도 그 결과는 상처를 남길 수도 있기 때문입니다. 그래서 무엇이 나를 다치게 하고, 무엇이 타인을 다치게 하는지를 아는 것이 진짜 지혜입니다.

한 고등학생과 있었던 일입니다. 제가 봤을 때 그 친구는 여느 평범한 학생들과 별다를 게 없었어요. 그러나 부모님은 아이에게 문제가 있다고 느꼈습니다. 말을 걸면 무뚝뚝하게 앉아 있기만 하고, 늘 무표정한 얼굴에 무슨 생각을 하는지 알 수 없다는 게 이유였습니다. 그러던 어느 날, 학생이 드디어 저에게 마음을 털어놓았습니다. 더 이상 집에서 지내기 힘들다며 가출을 하고 싶다고 한 겁니다. 이유를 묻자, 매일 싸우는 부모님을 보는 게 너무 괴롭다고 했습니다. 그리고 이렇게 덧붙였습니다. "스님, 저는 정신병자인 것 같아요."

그 말을 듣고 참 안타까웠습니다. 부모는 아들에게 정말 문제가 있다고 생각했던 모양이에요. 그래서 아들의 손을 잡고 신경정신과 병원으로 데려갔습니다. 물론 병원에 간다고 해서 모두가 정신적인 문제를 갖고 있다는 뜻은 아닙니다. 하지만 이 친구는 그날 이후로 자신을 '마음의 큰 병을 가진 사람'으로 받아들이게 되었습니다. 부모님은 아들을 돕기 위해 나름의 최선을 다했을 겁니다. 그러나 그 '최선'이 오히려 아들에게는 '나는 정식적으로 문제가 있는 사람'이라는 믿음을 심어주는 결과가 되어 버렸습니다.

절대로 잊지 말아야 할 것이 있습니다. 누군가에게 "넌 이런 사람이야."라고 단정 짓는 순간, 그 사람은 스스로 그 틀을 벗어날 수 없게 됩니다. "넌 성격이 참 온유해서 거절을 잘 못 하는구나."라는 말을 들으면, 거절이 꼭 필요한 상황에서도 '난 거절을 못 하는 사람이니까.' 하고 자신의 의사를 내려놓습니다. "넌 이해심이 부족한 사람 같아."라는 말을 듣게 되면, 누군가를 따뜻하게 안아주고 위로의 말을 전하고 싶을 때조차 '난 차가운 사람인데.' 하며 망설이게 됩니다.

'나'는 고정된 존재가 아닙니다. 계속해서 변화하고, 언제든지 새롭게 태어날 수 있습니다. 그러니 우리가 건네야 할 말은, '넌 이래서 안 돼.'가 아니라 '넌 무엇이든 할 수 있어. 다른 것도 한 번 시도해 볼까?'입니다. 자신이 정해 놓은 틀에서 벗어날 수 있는 가능성을 열어주는 일입니다.

문제 해결의 핵심은 정답을 찾는 데 있지 않습니다. 문제를 바라보는 견해의 변화야말로 언제나 우리에게 허락된 기회입니다.

◆ 여기서 멈추지 말고, 부록 〈내 마음 관찰 노트〉 280쪽에서 조금 더 깊이 내 마음을 들여다보세요.

8

[고급 사용법]

사라지는 것을 붙잡지 않는 지혜

이제 알았습니다. 세상은 머물지 않고, 세상에 의해 생겨난 마음 역시 머물지 않는다는 것, 따라서 그 마음을 굳이 '나'라고 삼을 이유가 없다는 사실을요. 이제는 어떤 생각이 떠올라도, 그것은 '나'가 아님을 알아차릴 수 있습니다. 무심(無心)의 자리에 머무는 자를 부동여래(不動如來), 즉 '움직이지 않는 여래'라고 부릅니다.

세상에서 가장 편안한 법칙

스승: 이 세상에서 가장 편안한 법칙이 무엇인가?
제자: 잘 모르겠습니다.
스승: 모두가 지나가서 남음이 없는 법칙이다.

    스승이 제자에게 묻습니다. "이 세상에서 가장 편안한 법칙은 무엇인가?" '중요한 법칙'이나 '최고의 법칙'이 아니라, '편안한 법칙'이 무엇이냐는 질문입니다. 그리고 스승은 이렇게 답합니다. "모두가 지나가서 남음이 없는 법칙이 가장 편안한 법칙이다."
    지나간 것에 매이지 않는 자유로운 사람을 보고 우리는 '쿨(cool)하다'라고 말합니다. 누구나 그런 사람이 되고 싶지만, 현실의 우리는 자꾸만 과거에 끌려가곤 합니다. '다 지나가서 남는 게 없다.'라는 말이 즉시에 우리를 과거로부터 자유롭게 해 준다면 얼마나 좋을까요? 그러나 때로는 '다 지나간다.'라는 어른들의 말이 안도감보다는 허탈함으로 다가오기도 합니다.
    8장에서는 '어떻게 해야 지나간 것에 집착하지 않을 수 있을까?',

'어떤 견해를 가져야 지금 이 순간을 아름답게 채울 수 있을까?'에 대한 특별한 노하우를 이야기하려 합니다. '남음이 없는 법칙', 마음을 다루는 고급 사용법의 핵심입니다.

1. 무상법과 변화

무상(無常), 허(虛)와 망(妄)

불교에서 가장 자주 등장하는 개념이 바로 '무상(無常)'입니다. 모든 것은 변하고, 지나가고, 결국 사라진다는 가르침이지요. 모든 것은 늘 움직이고 바뀌며, 잠시도 머무르지 않습니다. 그런데 무상을 이야기하면 '허무하다', '슬프다', '두렵다'라는 느낌이 먼저 떠오르는 경우가 많습니다. 쓸쓸하고, 심란하고, 울적해지기도 하지요. 왜 무상을 떠올릴 때 불편한 감정이 함께 따라올까요?

무상과 함께 자주 언급되는 개념이 '허(虛)'와 '망(妄)'입니다. '허'는 '비어있음', 즉 실체가 없다는 의미입니다. 있는 줄 알았는데 막상 확인해 보니 실체가 없습니다. '그것'이라고 할 수 있는 것이 하나도 없다는 뜻입니다. TV라는 물건은 그 자체로 존재하지 않고, TV가 아닌 부품들이 모여 만들어진 것입니다. 이를 불교에서는 '화합상(和合相)'이라고 합니다. '나' 또한 '나'라는 실체가 따로 있는 것이 아니라, 여러 조건이 모여 이름 붙여진 존재라는 것을 앞에서 배웠습니다. 결국 '있는 것 같지만, 분해해보니 있는 게 아니었네.'라는 말이죠. 그것을 '비어있다.'라는 의미의 '허'자로 표현합니다.

또, 흘러가는 인생을 찰나의 시간에 비유하기도 합니다. '찰나처럼 짧다.'라는 말이 있지요. '찰나'라는 표현은 우리가 감지할 수 없을 만큼 아주 짧고 빠른 시간을 뜻합니다. 예를 들어 볼까요? 눈이 오는 날 마당에 붉게 타오르는 숯불을 내놓았습니다. 눈송이가 숯불 위로 조용히 떨어지고 있는 모습을 상상해 보세요. 숯불과 눈송이로도 찰나를 설명할 수 있습니다. 타오르는 숯불에 떨어지는 눈송이는 화로에 닿기도 전에 이미 사라져 버립니다. 숯불의 뜨거운 열기로 눈송이는 닿기도 전에 증발해 버린 것이지요.

눈송이가 화로에 닿기 전에 사라지듯, 우리가 만나는 색깔, 소리, 냄새, 맛, 감촉도 의식에 닿기도 전에 이미 과거로 사라집니다. 마치 눈앞에 있는 것처럼 느끼지만, 사실은 이미 지나가 버린 것입니다. 그래서 "소리가 몇 초 정도 머물렀다."라고 말할 수가 없는 겁니다. 숯불이 '지금'이라는 순간이라면, 떨어지는 눈송이는 우리가 만나는 '대상'이라고 할 수 있습니다. 머물렀다고 말하려면 잠시라도 지속되어야 하는데, 세상의 모든 대상은 우리의 인식에 닿기도 전에 과거로 흘러갑니다. 닿았다고 말하는 순간 이미 사라진 것이지요. 이를 두고 우리는 '찰나'라고 부릅니다. 그리고 이 찰나의 법칙이 곧 '망(妄)'입니다. 이미 사라져 다시는 붙잡을 수 없다는 의미입니다.

하지만 우리는 여전히 '있다'라는 믿음을 버리지 못합니다. 누군가가 "그 옷, 너한테는 별로 안 어울리는 것 같아."라고 말하면, 그 말 한마디에 금세 기분이 상합니다. 사실은 아무 의미도 없는 글자와 소리일 뿐인데, 단어와 문장이 되어 뜻을 이루는 순간, 우리는 그것을 실재하는 것처럼 믿어 버립니다. 존재하지 않는 의미를 존재하는 실체로 믿어 버리는 것입니다.

이렇듯 우리는 일상 속 대화 한마디, 감정 하나, 상황 하나에서도 무상, 허, 망의 법칙을 잊고 살아갑니다. 그리고 그 법칙을 잊는 순간 괴로움은 아무도 모르는 사이에 찾아옵니다.

그렇다면 이 법칙을 아는 사람은 어떻게 다를까요? '이미 사라졌다.'라는 것을 아는 사람은 그 말에 오래 머무르지 않습니다. 진짜라고 믿지 않고, 잠시 피었다 사라지는 인연처럼 바라봅니다. 또 지금 내 앞에 있는 모든 세상도 반드시 사라질 것이라 믿기 때문에 심각하게 의미를 담아 속지 않습니다. '모두 지나가는 거야. 그러니까 괜찮아. 중요해 보이지만, 별 것 아니야.'라고 말할 수 있게 됩니다.

마음은 원래 그렇다

우리가 살아가는 세상은 색깔, 소리, 냄새, 맛, 감촉 그리고 의미로 이루어져 있습니다. 그리고 앞서 배운 무상, 허, 망은 세상의 특성입니다. 세상은 언제나 변하고, 실체가 없으며, 지나가 버린 것은 다시 붙잡을 수 없습니다. 세상의 특성을 한 단어로 요약하면 바로 '부주(不住)'입니다. '부주 색성향미촉법(不住 色聲香味觸法)', 즉 '색깔, 소리, 냄새, 맛, 감촉, 의미는 머물지 않고 사라진다.'라는 뜻이지요. 세상은 결코 머물지 않습니다.

그런데 머물지 못하는 세상이 그저 사라지기만 하는 것은 아닙니다. 조용히 사라지기엔 아쉬웠던 것인지, 사라지는 찰나마다 그 반대편에 새로운 마음을 만듭니다. 예를 들어, 갓 태어난 아기 고양이를 만났다고 생각해 봅시다. 복슬복슬한 털과 맑은 눈망울을 마주하는 순간 애틋하고 사랑스러운 마음이 일어납니다. 그 마음은 아기 고양이를 만나기 전에는 없었습니다. 그렇다면 이 마음 작용은 아기 고양이를 만난 이후에 생겨났다는 말이 됩니다. 결국 마음은 본래부터 존재했던 것이 아니라, 마주하는 세상에 의해 일어났다는 이야기예요. 따라서 세상이 변하면 마음도 변하고, 세상이 사라지면 마음도 사라집니다.

앞서 이야기했듯 세상은 부주, 머물지 못합니다. 그렇다면 이렇게 세상에 의해 드러나는 마음은 어떨까요? 이 마음 역시 잠시도 멈추지 않고 변하고 있습니다.

이 논리대로라면, 세상이 바뀌면 마음이 바뀌고, 마음이 바뀌면 세상도 바뀐다는 말이 됩니다. 즉 세상과 마음은 하나의 목숨과도 같다는 의미지요. 이 법칙을 알지 못하면 어떤 일이 벌어질까요? 이게 참 중요한 부분이에요. 세상과 무관하게 내 마음을 고요히 만들기 위해 '노력'하게 된다는 겁니다. 하지만 과연 가능할까요? 복잡하고 시끄러운 세상을 만날 때에도, 우리 마음은 여전히 움직이지 않으며 고요함을 유지할 수 있을까요? '세상과 마음은 하나의 목숨'이라는 이 법칙을 배우지 못한다면, 불가능한 일을 이루려는 고단한 여정이 시작될 뿐입니다.

세상의 모습, 그 흐름과 변화에 따라 우리의 마음도 계속 변합니다. 내 앞의 세상이 어떻게 달라지느냐에 따라 내 마음 역시 그에 맞춰 변합니다. 당연하고 자연스러운, 법칙 그대로의 모습입니다. 따라서 마음을 한결같이 유지하지 못하는 것은 결코 여러분의 잘못이 아닙니다. 마음은 원래 그렇습니다.

2. 그림자를 '나'로 삼았다

마음이 날뛰게 되는 원리

마음은 애초부터 주어진 것이 아니라 조건에 따라 생겨나는 것입니다. 속상하기도 하고, 슬프기도 하고, 화가 나기도 하는 그 마음은 타고난 것이 아닙니다. 내 앞에 펼쳐진 세상에 맞춰 생겨난 마음일 뿐입니다. 세상에 슬픈 일들이 벌어졌기 때문에 순간 '슬픈 나'가 생겼고, 화가 날 만한 사건이 벌어져서 '화난 나'가 일어났습니다. 여러분이 잊지 말아야 할 것은 마음은 세상 때문에 생긴다는 사실입니다.

> 六塵緣影 爲自心相
> 육진연영 위자심상
> - 『원각경』「문수사리보살장」

앞에서 설명했던 육진을 기억하고 계시죠? 내가 마주하는 여섯 가지 대상인 색, 성, 향, 미, 촉, 법은 머물지 못하고 시간과 함께 사라집니다. 하지만 그 여섯 가지 대상들은 사라지면서 그림자를 남기는데 그것이 바로 기억입니다. 그 기억들이 모이게 되면 우리는 그것을 마음이라고 믿게 되는 것입니다. '육진연영 위자심상'이라는 말은 '육진과 인연된 그림자를 스스로의 마음이라고 한다.'라는 뜻입니다.

세상의 그림자에 불과한 마음을 우리는 평생 '나'라고 믿고 살아왔습니다. 마음은 세상에 비춰진 모습에 따라 만들어진 것이기에 믿을 만한 게 못 됩니다. 수시로 변하고, 걷잡을 수 없이 흔들리는 게 마음이니까요. 우리가 삐뚤어졌거나 부족해서가 아니라 마음의 특성상 매 순간 변덕을 부릴 수밖에 없었던 겁니다.

應無所住 而生其心
응무소주 이생기심
-『금강경』「장엄정토분」

'응(應)'은 '응답하다', '마주하다'라는 뜻입니다. 머물지 않는 세상을 마주하는데[應無所住], 그곳에서 마음이 생겨난다는 의미입니다[而生]. 그러나 그 마음[其心]이라는 것은 실제로 존재하지 않습니다. 마음은 이미 지나간 일을 기억으로 떠올린 것임을 3장에서 다루었습니다.

이를테면 아침에 눈을 뜨는 순간 세상을 바라봅니다. 그러나 그 순간에도 세상은 끊임없이 변하고 있습니다. 무상하고, 허하고, 망해요. 머무는 바 없이 지나가는 세상을 보면서 또 마음이 생기지만 역시나 곧 사라져서 기억에 쌓입니다.

지금까지 '나'라고 믿고 살아온 그 마음은 세상에 의해 만들어졌던 것입니다. 그런데 세상은 어떤가요? '부주(不住)', 머물지 않습니다. 그렇다면 마음도 본래 없었던 것이죠. 머물지 않는 세상에서 생겨난 마음이 어찌 '나'일 수 있을까요?

하지만 우리는 그 마음을 '나'라고 삼았습니다. 슬플 때도 '나', 기쁠 때도 '나', 우울할 때도 '나'라고 학습했고, 그렇게 믿어 왔어요. 그런데 그건 모두 '나'가 아닙니다. 이 사실을 알게 되면 마음이 요동치더라도 흔들리지 않게 됩니다. 왜냐하면 날뛰는 마음은 '나'가 아니라, 세상에 의해 임시적으로 만들어진 그림자와 같으니까요.

지금 화가 나더라도, 무상한 세상 앞에서 화는 곧 사라집니다. 지금 우울하더라도, 아름다운 세상을 보는 순간 기쁨이 일어날 수 있어요. 하지만 우리는 그 순간순간을 모두 '나'라고 여기면서 살았습니다. 도대체 '나'는 몇 개일까요?

셀 수 없어요. 그러나 그 가운데 진짜 '나'는 단 하나도 없었습니다. 마음은 그저 세상이 바뀌면 따라서 변할 뿐입니다. 마음을 '나'라고 삼지 않을 때 비로소 우리는 요동치는 마음으로부터 자유로워질 수 있습니다.

마음은 '나'가 아니다. 다만 바라볼 뿐

마음은 머물지 않는 세상을 마주하는 가운데 일어났기에 본래부터 믿을 만한 것이 아니라고 설명했습니다. 따라서 슬프더라도, 그 슬픔을 곧장 '나'라고 삼을 필요는 없습니다. 슬픔 또한 변하기 때문입니다. 기쁨도 마찬가지입니다. 머무르지 않는 세상에서는 슬픔도, 기쁨도 영원할 수 없습니다.

물론 어떤 분은 "그래도 기쁨만큼은 '나'로 삼고 싶어요."라고 말할 수 있습니다. 그 삶이 좋다면 그렇게 살아도 무방합니다. 대부분의 사람들은 지금도 그렇게 살고 있으니까요. 그러나 과연 기쁜 마음이 유지될 수 있을까요? 오히려 기쁨을 붙잡으며 사라지지 않게 애쓰다 보면 쉽게 지치고, 괴로움과 실망에 빠지고 맙니다.

지혜는 이와 같은 방식의 삶에서 벗어나는 하나의 이정표입니다. 마음을 억누르거나 부정하는 것이 아니라 마음은 '나'가 아니라는 사실을 인식하는 것, 그것이 지혜입니다. 하지만 이를 깨닫더라도 여전히 슬픔도, 화도 일어납니다. 다만 바뀌는 것이 있습니다. 바로 '견해'입니다. 과거에는 마음을 곧 '나'라고 여겼지만, 더이상 마음은 '나'가 아니라고 바라보게 되지요. 그 차이 하나로 마음은 더 이상 두려움의 대상이 되지 않습니다.

불교에는 '손끝 하나 대지 않고 온 세상을 극락으로 바꾼다.'라는 말이 있습니다. 세상은 달라지지 않았습니다. 마음이 평온해진 것도 아닙니다. 다만 견해가 바뀔 뿐입니다. 마음이 복잡하고 시끄럽더라도 그 마음이 곧 '나'가 아니라는 사실을 알게 되면, 마음을 고요히 하려고 억지로 노력하거나 감정을 억누르고 통제하려 애쓰지 않게 됩니다. 이런 사람은 자기 마음을 절대시하지 않고, 마치 하나의 물건처럼 앞에 두고 바라볼 수 있습니다. 변화무쌍한 세상 속에서 끊임없이 생겨나는 마음조차 그저 한순간 스쳐 지나가는 '바람'일 뿐임을 알게 됩니다.

3. 무념, 마음의 본래 자리를 기억하다

수행의 3단계

모든 생각은 무념에서 비롯됩니다. 그러므로 생각의 본래 모습은 곧 무념입니다. 번뇌즉보리(煩惱卽菩提), 번뇌가 곧 깨달음이라는 말의 핵심이기도 합니다. 생각이 아무리 복잡하고 어지럽더라도 슬픔이든, 분노든, 기쁨이든, 모든 마음은 무념에서 일어났습니다.

우리가 공부를 시작했을 때는 마음이 실재한다고 믿었습니다. 그러나 공부를 하고 나면 마음은 본래 허망하며 잠시 나타났다가 사라지는 현상에 지나지 않는다는 사실을 알게 됩니다. 그래서 이 수행에는 세 단계의 사람들이 있다고 합니다. 자신은 어디에 속하는지 한번 살펴보세요.

| 1. 지나가지 않는다고 보는 사람 | 세상도 마음도 진실하다고 보는 사람 |

2. 지나가는 것을 보는 사람	보는 놈은 움직이지 않는다고 아는 사람, 조견(照見)하는 사람
3. 지나가고 남은 것을 보는 사람	모든 생각은 무념으로 돌아간다는 것을 아는 사람

첫째 단계는 세상도 마음도 진실하다고 보는 사람입니다. 즉 생겨난 마음이 '나'이며, 그 모든 것이 진짜라고 믿는 상태입니다. 생각도 나, 육신도 나, 욕먹어서 속상해진 기분도 나, 모든 것이 실제로 존재한다고 믿으며 기존의 습관대로만 행동하던 바로 우리의 모습이었습니다. 하지만 공부를 하다 보면, 둘째 단계인 지나가는 것을 보는 사람이 됩니다. 이 단계에서는 세상도 마음도 스쳐 지나감을 깨닫고, 그 흐름을 관찰합니다. 이때의 '나'는 더 이상 마음에 휘둘리지 않습니다. 마음의 움직임을 '조견(照見)', 비추어 보지요. 어떤 감정이 올라와도, 그것을 느끼는 '나'는 감정에 사로잡히지 않습니다. 마치 영화관의 관객처럼 내면에서 펼쳐지는 장면들을 차분히 바라보는 상태입니다.

마지막 단계인 지나가고 남은 것을 보는 사람은 모든 생각이 결국 무념으로 돌아간다는 사실을 압니다. 마음이 수없이 생겨나더라도, 또 그 마음이 무엇이든 간에 나와는 상관이 없습니다. 그렇게 여길 수 있다면 이미 마음에서 벗어난 상태입니다. 그러나 마음에서 벗어났다고 해서 마음이 없어진 것은 아닙니다. 마음을 여전히 쓰고 있지만 더 이상 그것을 믿지 않는 것이지요.

이런 사람은 어떤 감정이 올라와도 '아, 이런 마음도 생기는구나!' 하며 가볍게 웃습니다. 예전에는 그 마음이 '나'인 줄 알고 없애려 하거나 붙잡으려고 했겠죠. 울며불며 감정에 휘둘렸을 겁니다. 그러나 이제는 '이 마음도 사라질 거야. 날 힘들게 하려고 해 봐. 우울하게 만들어 봐. 그것도 반드시 사라지게 돼 있어. 진짜 나는 이 모든 것이 생겨나고 사라지는 걸 보고 있는 존재야.'라며 바라보게 될 겁니다. 여기에서 말하는 '나'는 그 모든 것을 알고, 보고 있는 정신입니다.

손바닥을 쳤을 때 박수 소리는 적막 속에서 일어났다가 다시 적막으로 돌아갑니다. 매 순간 소리를 따라다니던 운명의 스토커는 놀랍게도 정반대의 얼굴을 하고 있는 적막이었습니다. 이와 마찬가지로 모든 생각의 바탕에는 무념이 따라다니고 있습니다. 만약 우리가 어리석은 중생이라면 그 중생을 따라다니던 운명의 스토커는 놀랍게도 정반대의 얼굴을 하고 있는 부처입니다. 모든 소리에는 적막이, 모든 생각에는 무념이, 모든 중생에게는 부처가 함께합니다. 그 사실을 아는 순간 우리는 부처와 함께 걷고 있습니다.

여러분은 이미 다 갖추고 있습니다. 다만 그동안 잘못 알고 있었던 것이지요. 사라지는 것을 진짜라고 믿었고, 사라지는 것에 반응해 생겨난 마음도 진짜라고 믿었습니다. 세상도 실재한다고 믿었고, 세상 때문에 생겨난 '나'도 진실하다고 여겼습니다. 그렇게 믿고 살아왔으니 잠시도 고요히 머무는 순간이 없었던 겁니다.

그러나 이제 알았습니다. 세상은 머물지 않고, 세상에 의해 생겨난 마음 역시 머물지 않는다는 것을. 따라서 그 마음을 굳이 '나'라고 삼을 이유가 없다는 사실을요. 이제 어떤 생각이 떠올라도 그것은 '나'가 아님을 알아차릴 수 있습니다.

그리고 여기서 한 걸음 더 나아갑니다. 모든 생각이 생겨나는 그 자리, 무심(無心)의 자리에 머무는 사람. 그는 '한 걸음도 움직이지 않은 사람'입니다. 그래서 대승불교에서는 이 자리를 부동여래(不動如來), 즉 '움직이지 않는 여래'라고 부릅니다.

습관처럼 '이 생각은 버려야 해.', '이건 나쁜 마음이야.' 하는 판단을 하게 될 때도 있습니다. 그러나 기억하세요. 그 모든 생각은 내가 마주한 세계에서 비롯됐고, 그렇기에 반드시 변화하며, 반드시 사라지고, 결국 '나'가 아니라는 사실을. 그 사실을 잊지 않는다면 여러분은 누군가를 ─자식, 남편, 아내─ 마치 연극이나 영화를 보듯 바라볼 수 있습니다. 그리고 그 어떤 감정에도 휘둘리지 않는 단단한 자리에 설 수 있게 될 거예요. 그 물러섬이 없는 용맹한 자리를 바로 불퇴전(不退轉)이라 부릅니다.

◆ 여기서 멈추지 말고, 부록 〈내 마음 관찰 노트〉 282쪽에서 조금 더 깊이 내 마음을 들여다보세요.

9
[복원 모드]

숨은 엔진,
당신의 모든 것을 지켜보는 '정신'

'아, 세상이 있구나.', '이게 나였구나.', '아, 나와 다르구나.', '함께였구나.' 여러분이 지금까지 해 온 모든 수행은 사실 딱 한 가지였습니다. 바로 깨닫는 일! 슬픔을 통해서도, 기쁨을 통해서도, 괴로움과 환희를 통해서도 우리는 끊임없이 깨닫고 있습니다. 여러분은 그렇게 끝없이 깨닫는 존재로 살아가고 있습니다.

'모름'을 아는 건 행복한 일

스승이 제자에게 묻습니다. "눈을 감으면 무엇이 보이느냐." 제자가 답합니다. "아무것도 보이지 않습니다." 그러자 스승은 다시 말합니다. "어둠을 보고 있지 않느냐."

9장은 '아는 것'과 '모르는 것'을 모두 비추고 있는 정신에 관한 이야기입니다. 간혹 "나는 아무것도 몰라요."라고 말하는 이들이 있지요. 그러나 정신의 관점에서 보면 그 사람은 '모르는 사람'이 아니라 '모르는 것을 아는 사람'입니다. 내가 무엇을 모르는지 아는 것은 행복한 일입니다. 그래서 올바른 제자는 스승에게 혼나는 일도 부끄러워하지 않습니다. 자신이 모르는 바를 알게 되는 것은 배우고 성장할 수 있는 소중한 기회를 얻은 것과 다름없기 때문입니다.

1. 세상은 나의 일부다

몸은 하나, 머리는 둘. 공명지조(共命之鳥)

치과 의사가 싫어하는 속담	이 없으면 잇몸으로 산다
산부인과 의사가 싫어하는 속담	무자식이 상팔자다
한의사가 싫어하는 속담	밥이 보약이다
변호사가 싫어하는 속담	법 없이도 산다
학원 강사가 싫어하는 속담	하나를 알려주면 열을 안다

웃기면서 슬픈 이야기죠. 나에게는 불편한 것이 다른 사람에게는 이익이 되기도 합니다. 이가 아픈 사람이 있어야만 치과가 존재하고, 송사가 있어야 변호사가 일할 수 있습니다. 세상은 하나의 이름만으로 존재하는 게 아니라 반드시 반대편에 상대적인 무언가가 있기 마련이지요. 햇빛이 있을 때 그림자가 있고, 더위가 있을 때 에어컨이 있으며, 고통이 있을 때 행복의 가치를 깨닫게 됩니다. 우리 삶에 있어 가장 아름다운 가치인 스승 또한 듣고 배우고자 하는 제자가 있을 때만 그 이름을 얻습니다.

세상의 구조는 이렇게 정반대의 두 요소가 모여 하나를 이룹니다. 지금 이 순간의 나에게도 그대로 드러납니다. 색깔[色]이 있을 때만 눈이라는 이름을 얻으며, 세상의 모든 색깔이 사라진다면 눈이라는 이름도 함께 사라집니다. 반대로 눈이 사라진다면 역시 세상의 모든 색깔도 사라지게 되지요. 나와 세상, 다시 말해 감각과 감각의 대상은 언제나 함께하면서 '지금'이라는 시간을 만들어 냅니다.

색깔이 세상에 객관적으로 존재하고, 그것을 눈으로 본다고 생각했던 기존의 상식에서 벗어나면 불교의 가르침에 한발 더 다가가게 됩니다. 어떤 물체가 눈에 보였다면 이미 색깔과 눈, 둘 다 존재한다는 뜻입니다. 색깔과 눈은 하나의 운명, 하나의 생명입니다.

불경에는 공명지조(共命之鳥)라는 새가 등장합니다. 몸은 하나인데 머리가 둘인 신기한 새입니다. 두 머리는 낮과 밤에 교대를 하면서 하나가 잠들면 다른 하나는 깨어 있습니다. 그런데 어느 날 잠들어 있던 머리의 입에서 향기로운 과일 냄새가 나자, 깨어 있는 머리가 배신감을 느낍니다. '자기 혼자 맛있는 과일을 먹었구나.' 결국 복수를 하겠다며 독이 든 열매를 먹어 버렸고, 몸이 하나였던 새는 죽고 맙니다.

이제 이해되시지요? 눈과 색깔, 귀와 소리, 코와 냄새 등 지금 이 순간을 구성하는 모든 것은 둘이 모여 하나를 이루고, 하나 안에 정반대의 두 모습으로 드러납니다. 이를 두고 불교에서는 상즉법(相卽法)이라고 합니다. 이 법칙을 모르고 공명지조 이야기를 들으면 그저 가벼운 우화쯤으로 여길 수 있습니다. 그러나 알고 보면 불경의 모든 내용은 놀랍게도 지금 이 순간의 나의 이야기랍니다.

둘인데 하나인 법칙

세상은 나와 하나로 연결되어 있습니다. 그렇기 때문에 양쪽 모두 올바르게 기능해야 온전한 하나의 삶을 이룰 수 있습니다. 행여 내 주변의 누군가가 하등 쓸모없는 사람처럼 보인다고 해도, 제각각의 역할을 다하고 있습니다. 눈앞에 펼쳐진 세상이 마음에 안 든다는 이유로 그것을 없애 버리고 나만 홀로 살 수는 없습니다. 세상이 사라지면 그 세상을 바라보는 나도 사라지기 때문입니다.

이런 법칙은 생태계에서도 찾아볼 수 있어요. 미국의 옐로스톤 국립 공원에서 늑대가 가축을 해친다고 인간들이 전멸시켜 버렸다고 해요. 늑대들이 사라지면 '평화'가 올 거라고 착각한 겁니다. 하지만 천적이 사라지자 사슴의 개체 수가 급증했고, 사슴들이 국립 공원의 모든 풀을 뜯어 먹었어요. 숲이 황폐해지자 사슴도 먹이가 부족해졌을 뿐 아니라, 다른 동물들까지 살 수가 없는 환경이 됐다고 합니다. 사람들은 그때 깨달았어요. 우리가 미워했던 늑대가 숲 속에서 그동안 어떤 역할을 해주고 있었는지 말이에요. 그래서 국립 공원에 늑대를 다시 풀어줬고, 머지 않아 사슴이 줄어들어 숲과 생태계가 다시 건강한 모습으로 회복됐답니다.

필요 없다고 혹은 불편하다고 한쪽을 제거하는 것은 전체의 파멸을 가져옵니다. 오늘날 사회의 여러 갈등을 바라보는 견해도 이렇게 상즉법의 이치에 대입해 보면 많이 달라지리라는 희망을 가져봅니다.

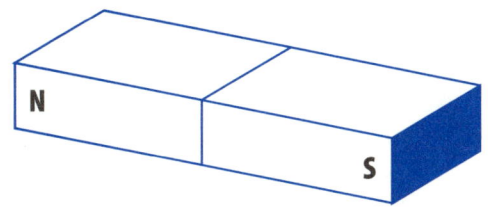

막대자석은 N극과 S극이 구분되어 있어요. 그런데 N극만 남기기 위해 막대자석을 반으로 뚝 잘라버리면 어떻게 될까요? 어린 시절에 학교에서 배웠듯 N극만 남을 것 같지만 반으로 쪼개진 막대자석은 다시 N극과 S극을 가지게 됩니다. 하나의 자석이지만 반대 성질인 양극을 이미 함께 지니고 있었다는 말입니다.

이제 눈치가 빠른 분들은 맞추실 것 같은데요. 내게 슬픔이 있다면 반드시 무엇도 함께 있다는 뜻일까요? 맞습니다. 기쁨입니다. 슬퍼할 줄 아는 사람은 기뻐할 줄도 압니다. 그래서 영원히 슬픔에만 빠져 있는 사람은 없습니다. 반드시 상반된 두 가지가 합쳐져야 하나의 내가 만들어지는 법칙이지요. 그래서 앞서 어떤 하나의 생각도 '나'로 삼지 말자고 누누이 말씀드린 겁니다.

N극과 S극의 비유를 통해서 육진과 육근을 이야기해 볼까요?

	N극(육진)	S극(육근)	
대상 생멸법 느껴지는 것	색깔 - 색(色)	눈 - 안(眼)	주체 상주법 느껴지지 않는 것
	소리 - 성(聲)	귀 - 이(耳)	
	냄새 - 향(香)	코 - 비(鼻)	
	맛 - 미(味)	혀 - 설(舌)	
	감촉 - 촉(觸)	몸 - 신(身)	
	의미 또는 이름 - 법(法)	뜻 - 의(意)	

우리가 인식하는 대상인 '색·성·향·미·촉·법'이 있다면, 그것을 보거나 듣거나 맛보는 등의 여섯 가지 감각도 있습니다. 대상은 한 순간도 머무르지 않고 사라지기 때문에 생멸법(生滅法)입니다. 반면 대상을 보는 눈, 듣는 귀, 맛보는 혀 등 여섯 가지 감각인 '안·이·비·설·신·의'는 항상 그대로 있기 때문에 상주법(常住法)이라 부릅니다.

색은 변하지만 눈은 변하지 않습니다. 하지만 모든 색을 다 보는 그 '눈'을, 눈 그 자체로는 느끼지 못합니다. 색깔을 볼 때만 눈이 느껴지고, 소리를 들을 때만 귀가 느껴지는 것이지, 색깔이나 소리 없이 눈이나 귀 그 자체를 느낄 수는 없습니다. 코, 혀, 몸도 마찬가지입니다. 이렇게 둘은 완전히 다른 성질을 가졌지만, 하나의 몸입니다. 그래서 불교에서는 이 오묘한 모습을 불이(不二), 즉 양쪽은 둘이 아니라고 설명합니다.

꿈을 떠올려 봅시다. 꿈속에서 '세상'이 나타나고, 그 안에 주인공인 '나'도 나타납니다. 하지만 그 세계는 내가 만든 꿈이며, 꿈속의 나 또한 내 의식이 만들어 낸 또 하나의 나입니다. 나는 그 꿈을 만들었음에도 불구하고, 꿈속에서는 그 모든 것이 진짜라고 믿으며 살아갑니다. 심지어 꿈의 내용을 미리 알지도 못하지요. 이유는 단순합니다. 꿈이라는 능력 안에 세상과 나, 그 모든 것이 함께 드러나는 법칙, 상즉법이 존재했기 때문입니다.

2. 깨닫는 능력으로 나타나는 것들

나와 함께 태어나는 세상

우리의 세상인데도, 정작 우리는 그 세상을 잘 모를 때가 많습니다. 우리는 꿈을 꾸고 나서야, '아, 꿈이었구나.' 하고 깨닫죠. 꿈이라는 세계 안에는 반드시 '나'와 '세상'이 함께 나타납니다. 이건 깨어 있는 지금도 마찬가지입니다. 우리의 자각, 즉 깨닫는 능력 안에서는 언제나 '주체로서의 나'와 '대상으로서의 세상'이 함께 드러난다고 앞에서 설명해 드렸습니다.

그런데 '나'라는 것도 가만히 보면 다시 몸과 마음, 두 가지로 나뉘어 드러납니다. 어떤 날은 몸이 나인 것 같고, 또 어떤 날은 마음이 곧 나인 것처럼 느껴집니다. 하지만 분명히 나인 것 같다가도, 내 뜻대로 되지 않을 때는 그 마음조차도 낯설고 남처럼 느껴지기도 합니다. 이렇게 우리는 몸과 마음 사이를 오가며, 때로는 몸을 '나'라 여기고, 때로는 마음을 '나'라 여기며 살아갑니다. 그 과정에서 끊임없이 오해와 이해를 반복하는 이유는 본래의 깨닫는 능력 안에 이미 '나'와 '세상'이 함께 자리하고 있기 때문입니다.

이를테면 몸이 분명한 '나'라면, 몸에 생기는 어떤 일도 다 느낄 수 있어야 합니다. 하지만 손톱을 자를 땐 아프지 않습니다. 손톱은 내 안에 있지만 '나'는 아닌, 내 안의 '남'인 셈입니다. 이처럼 우리는 세상과 분리되지 않은, 두 가지가 하나로 된 온전한 존재로 살아가고 있습니다. 마치 부분의 모습이 전체의 모습과 똑같은 프랙탈 모형처럼, 우주에서 내 몸에 이르기까지 하나 속에 둘이 들어 있는 상즉법의 이치는 예외 없이 똑같은 방식으로 적용되고 있다는 말입니다.

그러나 평생 연습해 온 방식은 많이 다릅니다. 지금까지는 '세상'을 제외하고 '나'만을 나로 삼아 왔습니다. 그래서 세상이 사라져도 나는 남을 거라고 믿고 있었습니다. 환자가 없어도 의사가 있고, 도둑이 없어도 경찰이 있을 것처럼 생각했었죠. '너는 싫으니까 저리 가. 너 없어도 나 혼자 잘 살 수 있어. 그럼 난 행복할 거야.' 하지만 이건 큰 오해입니다. 세상이 없어져도 나는 남을 거라는 생각을 뒤집어 보면, 내가 없어져도 세상은 남을 거라고 여기는 것과 같습니다. 바로 우리가 믿어 왔던 죽음이라는 개념처럼요.

전 세계 수 십억 인구 중 한 명이 사라져도 세상은 계속 굴러간다고 우리는 생각합니다. 그러나 불교는 그렇게 보지 않습니다. 내가 잠드는 순간 내가 경험하던 이 세상은 통째로 나의 의식 안에서 사라집니다. 내가 사라진다는 것은 내가 인식하던 세계도 통째로 사라진다는 뜻입니다. 예를 들어 눈앞에 보만 스님이 있다고 해봅시다. 하지만 잠이 들면 보만 스님은 나에게 없는 사람이 됩니다. 물론 옆 사람이 "전 지금도 보만 스님을 보고 있어요."라고 말할 수 있겠지요. 하지만 그건 그 사람의 인식 안에 있는 보만 스님일 뿐 나에겐 존재하지 않는 세상입니다.

내 안의 우주

좋은 세상이든 나쁜 세상이든 그 모든 세상은 내 바깥에 있는 것이 아니라 내 안에 있습니다. 그래서 경전에서는 이렇게 이야기합니다. "자기 자신 안에 이 우주가 들어 있다." 내가 느낀 모든 것은 결국 나와 하나입니다. 이 사실을 잊지 않는 것이 바로 '정신'의 자리로 돌아가는 길입니다.

우리가 대상을 보고, 듣고, 냄새 맡고, 맛보고, 감촉을 느낄 수 있는 이유는 그 대상이 이미 내 정신 안에 들어와 있기 때문입니다. 이 말은 비유가 아니라 실제입니다. 우리가 무언가를 인식하고 반응할 수 있다는 건, 내 정신이 이미 거기까지 닿아 있다는 뜻입니다. 내 안의 레이더, 정신의 감각이 미치는 범위가 바로 나의 세계인 것이죠.

그래서 어떤 것이 보이든, 어떤 소리가 들리든, 어떤 향기가 나든, 그 모든 것들은 이미 내 정신의 중심에 들어와 있는 것입니다. 세상은 결코 바깥에 따로 존재하지 않습니다. 나에게 비춰진 모든 세상은 나의 정신 안에서 일어난 세계입니다.

다시 꿈을 예로 들어볼까요? 분명히 내가 꾼 꿈인데도 꿈속의 세상이 어떻게 펼쳐질지 나도 알 수 없습니다. 내가 만든 세계인데도 그 안에서 어떤 일이 벌어질지는 예측할 수 없지요. 그만큼 우리는 자신이 만든 세상에 스스로 속고 있습니다. 꿈속에서 눈을 뜨면 그 세계가 진짜인 것처럼 느껴지고, 꿈속의 누군가와 싸우거나 대화를 나누면서도 그 모든 것이 내 의식이 만들어 낸 장면이라는 사실을 망각합니다.

우리가 살아가는 모습도 이와 닮았습니다. 겉으로는 세상이 바깥에 객관적으로 존재하는 것처럼 보이지만, 사실은 내 정신이 비추는 만큼만 존재하는 세상입니다. 그리고 그 세상은 오롯이 내 안에서 일어난 나만의 세상입니다.

3. 오래된 '나'에서 벗어나기

가장 오래된 법칙

우리는 그동안 내가 아닌 것을 '나'라고 여기고, 반대로 진짜 '나'인 것을 내가 아닌 것처럼 생각하는 습관 속에 살아왔습니다. 그래서 경전에서는 이렇게 말합니다.

> 비구여, 이들 네 가지의 무명은 모든 법 가운데서 없는 것을 있다 하고, 있는 것을 없다고 비방하는 두 가지의 전도가 있다.
> - 『연생초승분법본경』

이 이야기를 조금 더 쉬운 예로 풀어 볼게요. 제라늄이라는 식물의 줄기를 잘라 물에 꽂아 두면 어느 순간 뿌리가 자라납니다. '물꽂이'라는 번식 방법이지요. 하지만 줄기나 잎 속에 원래 뿌리가 들어 있었던 건 아닙니다. 뿌리가 생긴 이유는 '뿌리를 생겨나게 하는 법칙'이 있었기 때문이죠. 눈에는 보이진 않지만, 보이지 않는 어떤 원리가 작용한 겁니다.

나무도 마찬가지입니다. 잎이 자라고, 꽃이 피고, 열매를 맺는 과정을 우리는 늘 보아 왔습니다. 하지만 모든 생장을 이끌어 내는 법칙을 본 적은 없습니다. 그리고 나무는 계속 변하죠. 어린 싹이 자라고, 잎이 무성해졌다가, 가을이 되면 낙엽이 집니다. 계속 끊임없이 변화하는 나무를 두고 과연 '존재한다'고 말할 수 있을까요?

'존재한다'라는 말에는 변하지 않고 그 모습 그대로 머문다는 뜻이 담겨 있습니다. 그러나 나무는 매 순간 변하고, 수많은 요소가 화합을 이루고 있습니다. 그래서 있는 것 같지만 실제로는 환상에 가깝습니다. 그렇다고 환상이 '없다'라는 뜻은 아닙니다. 왜냐하면 그 환상을 가능하게 하는 법칙은 실제로 존재하기 때문입니다. 그래서 나무를 잘라도, 뿌리를 잘라도, 나무를 다시 자라게 하는 법칙만 있다면 나무는 또다시 자라납니다.

눈에 보인다고 해서 진실한 것은 아니며, 눈에 보이지 않는다고 해서 없는 것도 아닙니다. 우리는 보이는 것, 들리는 것만을 '있다'고 여기고, 그것이 가능하도록 한 원리는 눈에 보이지 않는다는 이유로 '없다'고 생각합니다. 그것이 바로 경전에서 말씀하신 무명, 그리고 전도된 생각입니다.

> 여래의 몸이란 자체가 금강으로써 모든 악은 이미 끊어졌으며, 선의 무리가 모여 두루 펼쳐졌거늘, 이 상황에 어찌 병듦이 있겠으며 이 상황에 어찌 괴로움이 있겠습니까.
> - 『유마힐소설경』「제자품」

이 말은 '병이 없다.'라는 뜻이 아닙니다. 병을 만들어 낼 조건은 있지만, 그것에 물들지 않는 상태를 가리키는 말입니다. 마치 허공에 미세 먼지가 가득해도 허공 자체가 미세 먼지에 물들지 않는 것과 같습니다. 만약 미세 먼지가 비에 씻겨 사라졌을 때, 허공이 다시 '깨끗해졌다'고 말할 수 있을까요? 허공은 미세 먼지가 있을 때나, 없을 때나 한결같이 투명했습니다. 그래서 더럽혀지지도 않았고, 다시 깨끗해졌다고도 할 수 없습니다. 이것을 『반야심경』에서는 불구부정(不垢不淨)이라고 표현합니다.

『유마힐소설경』에서 말하는 여래의 몸은 우리의 정신을 말합니다. 어떤 고민과 번뇌가 일어나더라도 물들지 않는 허공과 같은 정신, 그것이 우리가 본래부터 단 한 번도 잃은 적 없는 자리입니다. 정신의 자리에서 먼지처럼, 아지랑이처럼, 무지개처럼 일어나는 것이 생각입니다.

우리 모두에게는 각자의 견해로 빚어진 각자의 생각이 있습니다. 그것은 허공 같은 본래의 '나'는 아니지만, 매일 아침에 일어나서 잠이 들 때까지 끊임없이 사용하고 있는 개인적인, 가짜의 나입니다. 불교에서는 이를 '개아(個我)'라고 부릅니다.

    정신은 허공과 같지만 마냥 텅 비어있기만 한 것은 아닙니다. 오히려 개아를 만들어 낼 수 있는 힘을 품고 있습니다. 마치 하나의 무대 위에 배역을 맡은 여러 배우들이 모두 올라와 연극을 하듯 우리 안의 본래 성품은 수많은 '나'를 만들어 낼 수 있는 가능성을 품고 있습니다. 우리의 잘못이 있다면, 본래 허공 같은 정신을 잊고, 잠시 드러난 개아를 진짜 '나'라고 착각하며 오래오래 믿어왔던 것입니다.

깨달음은 늘 함께한다

우리는 대부분 결과만을 봅니다. 눈앞에 드러난 상대방의 모습만 보고, 그의 '정신'은 보지 못합니다. 마음을 깊이 들여다보기는커녕 겉으로 드러난 모습만을 기준 삼아 판단하곤 하지요. 하지만 우리가 보는 모든 것은 사실 어떤 '법칙'에 따라 드러난 결과일 뿐입니다. 겉으로 보이는 모든 결과물은 시간을 따라 반드시 변합니다. 하지만 변하지 않는 것도 분명히 있습니다. 바로 그것을 만들어 낸 '법칙'입니다. 불교에서는 이 변하지 않는 법칙을 '깨달음'이라고 부릅니다. 제가 앞에서 말씀드린 '정신'의 본래 이름이기도 합니다.

    책의 초반부에서 말씀드렸듯이 깨달음이라는 멋진 용어 대신 '정신'이라는 다른 말로 표현한 것에 이유가 있었죠. 여기서 말하는 깨달음은 어느 순간 갑자기 '아!' 하고 느끼는 특별한 체험만을 가리키지 않습니다. 작은 깨달음들도 분명한 깨달음이지만, 그 모든 깨달음을 일으키는 본래의 자리 역시 깨달음이라고 합니다. 큰 파도와 작은 파도가 모두 바다에서 일어난 다른 모습일 뿐, 결국 한 가지 맛인 것과 같습니다. 깨달음의 자리에서 일어난 모든 작은 깨달음, 다시 말해 번뇌와 생각을 포함한 모든 경험은 한 맛, 깨달음의 맛을 지니고 있습니다. 불교가 말하는 깨달음은 우리 안에 본래부터 늘 함께해 온 정신의 자리입니다. 태어날 때부터 누구나 갖추고 있으며, 절대 변하지 않는 근원적인 능력입니다. 이 능력은 지금 이 순간 이 글을 읽는 여러분들도 이미 갖추고 있고요. 그 위대한 능력 가운데 최고를 뽑으라면 저는 '기억할 줄 아는 능력'을 선택하고 싶습니다. 그 기억의 능력으로 수없이 구분되는 각자의 자신이 생겨나고, 또 변화할 수 있기 때문입니다.

기억은 '나'가 아닙니다. 하지만 '기억하는 능력'은 '본래의 나'라고 말할 수 있습니다. 기억 속에는 수많은 사연이 얽혀 있지만, 그 사연을 걷어 내고 나면 결국 그 기억을 가능하게 한 '능력'만이 남습니다. 이 능력은 누구에게나 동일하게 주어져 있습니다. 기억하는 능력에는 차별이 없습니다. 그래서 모든 중생은 평등하다고 말합니다. 스승님과 우리 사이에도 본질적인 차이는 없습니다. 다만, 그 능력을 '어떻게' 쓰고 있는지가 다르게 보일 뿐입니다.

지금까지 우리는 이 능력을 멋지고 자유롭게 쓰지 못했습니다. 그동안 우리는 기억을 아무렇게나, 마구잡이로 쌓아 두었고, 그렇게 엉망이 된 기억 덩어리를 '나'라고 착각하며 살아왔습니다. 슬픈 기억은 곧 '우울한 나'를 만들고, 억울한 기억은 '분노하는 나'를 만들었습니다. 기억을 들춰보면 그 안에는 온갖 감정의 파편과 생각의 잔해가 가득합니다.

앞에서 설명했듯이 우리는 이 기억을 의도적으로 선별해서 쌓을 수도 없습니다. 기억은 내가 원하는 것만 선택적으로 저장되는 게 아니라 내 의지와 상관없이 보이는 것, 들리는 것 등이 무작정 들어와 자리 잡기 때문입니다. 세상에 똑같은 얼굴이 단 한 사람도 없듯 기억의 내용 역시 누구도 같을 수 없습니다. 그래서 기억의 내용을 '나'라고 삼는 한, 사람들은 결코 하나가 될 수 없습니다. 늘 다투고, 부딪히고, 갈라질 수밖에 없습니다.

하지만 기억의 내용을 '나'로 삼지 않고, 기억을 가능하게 했던 능력을 '나'로 삼기 시작하면 어떨까요? 세상을 보고 듣고 느낄 줄 아는 '깨달음의 능력'이 진짜 '나'라는 사실을 알게 된다면 우리는 이미 하나임을 알게 됩니다. 여러분과 제가 다를 수 없는 이유도 여기에 있습니다. 비록 기억의 내용은 달라도 기억을 일으키는 능력은 다르지 않기 때문입니다.

자기 생각, 자기 기억, 자기 견해. 작고 불완전한 '나'를 진짜라고 믿고 서로가 고집하는 한, 결코 편안할 수 없습니다. 끊임없이 요동치는 '나'를 붙잡고 살아가는 한, 화합도 없고 자유도 없고 참된 평화도 없습니다. 그러나 서로 다른 기억 속에 살더라도, 그 기억에 끌려가지 않고, 기억을 '나'라고 여기지 않는 연습을 한다면 우리는 반드시 하나가 될 수 있습니다.

4. 정신에 대한 자각

기억의 능력

"나는 누구인가?" 이 문제는 오래된 물음이지만, 여전히 많은 이들을 막막하게 만듭니다.

지금의 '나'는 고정된 실체일까요? 불교는 단호하게 '아니다'라고 말합니다. 우리가 '나'라고 부르는 것들은 대부분 기억으로 이루어져 있기 때문입니다.

몇 년 전, 고등학교 동창과 20년 만에 통화를 하게 됐습니다. 반가움에 떨리는 목소리로 친구가 말했습니다. "절에 들어갔다는 말은 들었어." 제가 웃으면서 대답했죠. "그럼 스님이라고 불러야죠." 그러자 친구가 머뭇거리며 말했습니다. "어…. 그냥 '스'라고 부르면 안 될까? '님'자는 붙이기 불편한데."

누군가 제게 "스!"라고 부른다면 은근히 불쾌할 것 같습니다. 제가 속이 좁거나 옹졸하기 때문인가요? 아니면 '님'자를 붙여 불러주길 바라서일까요? 그건 제가 '스님'이라는 기억 속의 이름을 '나'로 삼고 있기 때문입니다. 스님이라는 역할은 태어날 때부터 갖고 있던 것이 아니라, 살아가며 만들어진 기억 속의 일부에 불과합니다. 처음부터 '나'는 스님이 아니었고, 그저 어느 순간 스님이라는 이름이 내가 되어버린 거죠. 결국 불편한 감정은 제가 '스님'이라는 이름을 '나'라고 믿고 있었기 때문에 생겨난 자연스러운 어리석음의 결과물입니다.

우리는 이렇게 살아갑니다. '나는 고등학생이야.', '나는 착한 사람이야.', '나는 이걸 잘 못해.' 하지만 이 모든 규정들은 결국 '기억 속의 나'를 말할 뿐입니다. 기억들이 모여 마치 진짜 '나'가 있는 것처럼 느껴지지만, 사실 기억은 기억일 뿐, 그 안에 고정된 나는 없습니다.

기억은 주머니이자 그릇과 같습니다. 그 안에 무엇을 담느냐에 따라 이름이 바뀌고 역할이 달라지지요. 어떤 기억을 담고 어떤 '나'를 만들어 가느냐는 매우 중요한 수행의 메커니즘이지만, 반드시 잊지 말아야 할 것은 그렇게 만들어진 '수행한 나' 역시 불교에서 말하는 진짜 '나'가 아니라는 사실입니다.

진짜 '나'를 찾는 원리

어떤 사람이 산더미처럼 쌓인 깨진 기왓장 더미 속에 금덩어리를 숨겨 두었습니다. 그리고 금을 한 번도 본 적이 없는 사람에게 기왓장 더미 속에서 금을 찾아보라고 말합니다. 금이 어떤 색깔인지 어떤 모양인지 본 적이 없는데, 어떻게 해야 금을 찾을 수 있을까요? 방법은 단순합니다. 금이 아닌 것만 걷어 내면 됩니다. 깨진 기왓장은 가치가 없을뿐더러 흔한 물건입니다. 평소에 흔히 봤던 기왓장만 걷어 내면 마지막까지 남아 있는 것이 바로 금이겠죠.

진짜 '나'를 찾는 것도 같은 원리입니다. 온갖 기억과 감정, 생각이 켜켜이 쌓여 있지만, 그 모든 것을 하나하나 걷어 내고 나면 마지막에 남는 것이 하나 있습니다. 그것은 세상을 느끼고, 분별하고, 기억할 줄 아는 능력, 다시 말해 '깨닫는 능력'입니다.

하지만 그 능력에는 이름을 붙일 수 없습니다. 이름을 붙이는 순간 이미 그것은 생각이 되어 버리고, 이름이 되어 버리기 때문입니다. 모든 생각과 이름은 이 능력에서 탄생하는데, 그것을 다시 생각과 이름으로 설명한다면 모순이 됩니다. 마치 침묵을 표현하라고 했을 때 '침묵'이라는 단어를 내뱉는 것과 같지 않을까요? 그래서 진짜 '나'에게는 이름을 붙일 수 없습니다. 이름을 붙이는 순간 '그것'은 더 이상 본래가 아니게 됩니다.

이처럼 붙잡을 수 없고 규정할 수 없는 나를 불교에서는 '무아(無我)'라고 합니다. 방금 설명한 것처럼 '무아'라고 말을 해버리면 '무아'를 제대로 설명했다고 볼 수 없겠지만, 기왓장을 걷어 내고 남은 것을 설명하기 위해 어렵게 붙인 이름이라고 이해하면 좋겠습니다.

종합하자면 무아란 단순히 '나는 없다.'라는 부정이 아니라, '고정된 나'는 없다는 자각입니다. 끊임없이 변화하고, 만들어지고, 사라지는 생각 속에 진짜 '나'는 없습니다. 하지만 모든 것을 비추고 바라보는 능력, 바로 그것이 우리가 '참된 나'라고 부를 수 있는 유일한 자리입니다. 스승님께서는 무아를 '나는 없다'라고만 번역하지 않고, '없는 나'라고 설명해 주셨습니다.

5. 지혜로운 삶

공부한 내[我相]가 생겨나는 법칙

여기서 공부를 멈추는 순간 또 다른 '나'가 생겨납니다. '나는 이제 세상을 다 알 것 같아.' 하는 나, '이 정도면 충분히 공부했어.' 하는 나, '나는 깨달음을 얻었어.' 하는 나, 또 '나는 이 공부를 해서 행복해졌어.' 하는 내가 생기지요. 정신은 대상과 주체를 끝없이 만들어 내는 능력을 지니고 있어서 무엇을 앞에 두더라도 그 둘을 보는 '나'가 또다시 생겨납니다. 하지만 이런 '나'는 모두 '없는 자리'에서 생겨났기 때문에 반드시 사라집니다. '생겨난 것은 반드시 사라진다.'라는 영원한 생멸의 법칙을 앞에서 충분히 공부했죠?

불교는 '단멸(斷滅)', 즉 모든 것이 완전히 끊어져 사라지는 법칙은 없다고 말합니다. 왜냐하면 깨닫는 능력 앞에는 언제나 '세상(대상)'과 '나(주체)'가 반드시 그리고 반복적으로 드러나기 때문입니다. 옳고 그름의 문제가 아니라, 정신의 작용 자체가 그렇습니다.

여러분은 영원히 보는 존재입니다. 세상을 보는 '나'를 보고, 그 '나'를 보는 또 다른 내가 생겨납니다. 끊임없이 물러서며 '보는 자'를 또 바라보는 능력이 우리 안에 이미 갖추어져 있지요. 이 견(見)의 자리가 바로 정신의 가장 근원적인 자리입니다.

그렇다면 모든 것을 다 보는 마지막 깨달음, 그 자리는 어떻게 확인할 수 있을까요? 답은 분명합니다. 확인할 수 없습니다. 확인했다면 이미 생각이 되었기 때문에, 그 자리를 벗어난 게 됩니다. 그럼에도 우리는 지금, 확인할 수 없는 그것에 관해 이야기하고 있습니다. 눈에 보이지 않지만 법칙을 통해서 그것이 있다는 것을 아는 능력이 바로 지혜(智慧)입니다.

지혜란 무엇인가

불교에서 말하는 지혜는 단순히 머리가 좋은 것을 뜻하지 않습니다. 겉으로 드러나는 현상을 넘어, 그 현상을 가능하게 만든 보이지 않는 법칙을 알아차리는 힘입니다. 결과를 통해 원인을 꿰뚫어 보는 정신의 힘이 지혜입니다. 예를 들어, 개는 돌을 던지면 돌만 봅니다. 그러나 사람은 돌을 던진 자를 봅니다. 이것이 곧 지혜의 차이입니다. 지혜가 더 깊어지면 우리는 '세상'이라는 현상을 보면서 그 이면의 '법칙'을 보게 됩니다.

지혜란 감각으로는 확인할 수 없지만 법칙적으로 유추해 낼 수 있는 정신의 힘입니다. 그래서 불교에서는 이렇게도 말합니다. "여래를 볼 줄 아는 깨달은 자의 눈에는 모든 중생이 다 부처로, 여래로 보인다." 세상을 본다고 해서 그저 보이는 그대로 보는 것이 아니라 그 안에 깃든 법칙과 본질을 본다는 뜻입니다.

예를 들어 커피를 마실 때 '맛있다', '맛없다'라고만 느끼는 것이 아니라 커피라는 존재가 나의 정신 안에 들어왔음을 알아차리는 것, 곧 '세상'과 '나'가 함께 있음을 아는 능력이 지혜입니다. 더 나아가 커피가 사라지면 커피 맛을 분별하던 나도 사라진다는 사실까지 이해하게 됩니다.

그런데 세상과 나를 바라보는 또 다른 '나'가 있다는 것을 우리는 배웠습니다. 한걸음 물러서면 방금 전의 내가 보이고, 또 한 걸음 물러나면 그걸 바라보는 내가 또 보입니다. 이렇게 끝없이 자신을 인식하고, 자신이 만들어 낸 모든 것을 비출 수 있는 위대한 정신의 능력을 우리는 모두 갖추고 있습니다. 따라서 지혜란 단순히 현상을 평가하는 것이 아니라, 그 현상이 존재할 수 있게 만든 본래의 법칙과 정신을 사유하여 확인할 수 있는 위대한 능력입니다.

제자리에서 끝없이 깨닫기만 하는 존재

깨달음을 얻었더라도 우리는 여전히 마주하고 있습니다. 그저 세상을 바라보는 것이 아니라 세상을 바라보는 내 견해를 바라보고 있지요. '견해는 세상이 아니고, 비춰진 그것도 아니다.' 이렇게 견해를 다시 바라본다는 것은 이미 알게 된 것을 한 번 더 응시하고 있다는 뜻입니다. 그 순간 우리는 또 한 걸음 물러나 '세상'도 '견해'도 아닌, 그 모든 것을 바라보는 '나'의 자리로 돌아가게 됩니다. 그 자리, 그 깨닫는 능력의 자리는 절대 훼손되거나 무너지거나 사라질 수 없습니다. 그곳에서 우리는 영원히 세상을 바라볼 뿐입니다.

여러분이 지금까지 살아온 모든 인생은 사실 딱 한 가지 작용이었습니다. 바로 깨닫는 일! 슬픔을 통해서도, 기쁨을 통해서도, 괴로움과 환희를 통해서도 우리는 끊임없이 깨닫고 있습니다.

'아, 세상이 있구나.'

'이게 나였구나.'

'아, 나와 다르구나.'

'함께였구나.'

그렇게 우리는 수없이 알아가고 있습니다. 그러나 모든 것은 단지 만들어진 사연일 뿐이며, 근원은 깨닫는 능력에서 비롯됩니다. 깨닫는 능력은 결코 사라지지 않습니다. 왜냐하면 '나'라는 고정된 실체가 있어서 생겨나는 것이 아니라, 오직 '생겨나게 하는 법칙'만이 있을 뿐이기 때문입니다. 법칙은 있지만 실체로서의 '나'는 없기에, 무수한 '나'가 일어날 수 있는 것입니다.

지금까지 단 한 번도 여러분은 무념의 자리를 떠난 적이 없었어요. 몸이 아플 때 '아프다'라고 느낀 것은 아픔이 나의 대상이 되었기 때문입니다. 무념의 자리에 있었기에 아픔을 느낄 수 있었고, 슬픔도 마찬가지입니다. 그리고 생겨난 것은 반드시 사라집니다. 그러니 애써 없애려 하지 않아도 됩니다. 힘들게 하는 고민과 모든 아픔은 반드시 사라지게 되어 있으니 두려워할 필요도, 미리 걱정하지 않아도 됩니다. 없는 일을 상상하며 '이렇게 되면 어쩌지.' 하고 고통을 만들지 않아도 됩니다. 모든 것들은 사라지게 마련이지만, 사라진다고 해도 세상을 바라보는 깨달음은 절대 사라지지 않습니다. 슬플 때도, 기쁠 때도 마찬가지입니다.

『보왕삼매론』에서는 이렇게 말합니다. "세상살이에 어려움이 없길 바라지 말라." 좋은 일만 생기면 교만해지고, 슬픈 일만 생기면 절망하기 때문입니다. 기쁨도, 슬픔도, 결국은 다 지나갑니다. 그리고 지나가는 모든 것 위에서 항상 바라보기만 하는 여러분의 정신은 언제나 그 자리에 있습니다.

여러분은 그렇게 끝없이 깨닫는 존재로 살아가고 있습니다.

◆ 여기서 멈추지 말고, 부록 〈내 마음 관찰 노트〉 284쪽에서 조금 더 깊이 내 마음을 들여다보세요.

10
[A/S]

보만 스님의 애프터 서비스

'10장. 보만 스님의 애프터 서비스'는 강의 중 받았던 질문에 대한 응답을 Q&A로 정리했습니다. 스님의 말씀과 의도가 전달될 수 있도록 구어체를 좀 더 살렸습니다.

너무 애쓰지 말아요

직장에서 제 바로 위에 있는 두 상사의 사이가 안 좋아요. 문제는 제가 그 둘 사이에 끼어 있다는 겁니다. 한쪽 말을 들으면 다른 쪽이 눈치를 주고, 또 반대로 하면 이쪽이 불편해하고요. 결국 누구 눈치도 안 보고 싶지만, 중간에 껴 있다 보니 괜히 제가 잘못한 사람처럼 느껴지고 스트레스를 많이 받습니다. 이런 상황에서 어떻게 마음을 다스려야 할까요?

어느 시골 마을에 자식에 대한 교육열이 유난히 높았던 어머니가 있었습니다. 그런데 그 열정이 자식만이 아니라 마당에서 키우던 강아지에게도 똑같이 적용됐나 봅니다. 어느 날, 멸치에 쥐약을 묻혀 집 주변에 놓아두었는데, 가족처럼 키우던 강아지가 자꾸 그것을 먹으려 했답니다. 속이 타들어 가던 어머니는 강아지에게 쥐약의 위험성을 교육해야겠다고 마음먹습니다. 쥐약을 묻힌 멸치를 들고 강아지에게 이렇게 말했어요. "이거 먹어. 먹어 봐." 강아지는 눈치를 살피면서 멸치를 먹으려고 조심스럽게 다가갔고, 어머니는 그 순간 막대기로 강아지를 때렸습니다. "먹으면 어떡해! 먹지 말랬지!" 강아지는 깽깽 울며 혼란에 빠졌습니다. '먹으라고 해서 먹으려 했는데, 왜 때리는 걸까?' 잠시 후 어머니는 또다시 멸치를 내밀며 말했습니다. "이번엔 정말 먹어 봐." 강아지는 두려운 눈빛으로

다시 다가갔고, 결국 또 맞았습니다. '도대체 먹으라는 거야, 말라는 거야.'

상반된 명령 속에서 혼란스러워하는 강아지의 모습이나, 두 상사 사이에 끼어서 이러지도, 저러지도 못하는 질문자님의 처지가 비슷하지 않을까요. 분명 상사의 지시대로 일을 했지만, 또 다른 상사가 마음에 들지 않는다는 이유로 불편한 기색을 비치면 당연히 질문자님의 마음도 편하지가 않겠지요. 이런 상황은 답이 아니라 질문에 문제가 있는 게 아닐까요?

참 이상하게도, 불교를 공부하는 사람들은 어떤 일이 발생했을 때 '내 탓'으로 돌리는 경우가 많습니다. 그게 틀린 말은 아닌데, 꼭 맞는 말도 아닙니다. 모든 일은 인연 따라 일어나요. 두 손바닥이 부딪혀야 박수 소리가 나듯이, 지금 질문자님이 겪는 답답한 상황은 본인의 선택으로만 발생한 건 아니에요. 세상도, 사람도, 상황도 그럴만한 이유가 있었고, 따라서 각자에게도 모두 책임이 있습니다. 사람과 사람이 만나는데 어떻게 아무 일도 안 생기겠어요? 좋은 일도 생기고, 서운한 일도 생기고, 사랑도 생기고, 미움도 생기고. 아주 자연스러운 모습입니다. 질문자님이 두 상사의 꼬인 관계를 보면서 마음이 답답해지는 것도 당연한 일이에요. 그런데 일단 첫 번째로 꼭 짚고 넘어가야 할 게 있어요. 답답한 그 마음, 절대 질문자님의 잘못이 아니라는 거예요.

보통 누군가가 내 마음에 들지 않을 때 우리는 이런 식으로 많이 생각합니다. '난 왜 이렇게 유치하지? 왜 이렇게 마음이 좁지? 왜 내 마음의 수준이 이것밖에 안 되지?' 처음에는 상대방을 비난하다가 어느 순간이 되면 자신을 향한 자책으로 이어지죠. 이 순환의 고리를 끊지 못하는 건 감정의 생겨남과 사라짐의 법칙을 받아들이지 않고, 그것을 '나'라고 착각한 것에서 비롯됩니다. 진실을 좀 더 들여다보면, 속상한 걸 봤으니까 속상한 감정이 올라온 거예요. 그게 전부예요.

제가 왜 이 이야기를 힘주어 말하냐면요, 불교에서 이런 말도 많이 하잖아요. '내 마음이 바뀌면 세상이 바뀐다.' 맞는 말이에요. 내 마음 하나 바뀌면 정말 세상이 다르게 보이기도 해요. 이건 아주 위대한 가르침이에요. 그런데 거기에 살짝 빠진 게 하나 있어요. 세상이 바뀌려면 '나'만 바뀌는 게 아니라, 세상을 함께 이루고 있는 '너', 즉 타인도 함께 바뀌어야 한다는 점입니다.

다시 말해, '내 마음이 바뀌면 세상이 바뀐다.'라는 이 문장에는 두 가지 의미가 들어 있어요. 하나는 내가 바뀌면 이 세상이 바뀐다는 말이기도 하고, 또 다른 하나는 나를 둘러싼 여러 사람들, 각자의 '나'가 바뀌어야 세상이 바뀐다는 의미이기도 합니다. 세상의 구성원 한 사람, 한 사람이 바뀌면 그 순간 이 세계도 이미 바뀌어 있어요. 만약 세상은 그대로 두고 나만 공부해서 세상을 바꿔보겠다고 생각했다면, 그 일은 쉽게 실현하기 힘듭니다. '나'와 함께 살아가고 있는 사람들이 바뀌지 않는 한, 회사와 사회에서 벌어지는 여러 가지 갈등은 쉽게 풀리지 않아요. '내가 어떻게 바라봐야 편안해질까.' 하고 아무리 혼자서 생각하고 노력하더라도 회사는 여전히 그 모양이고 갈등은 계속될 겁니다.

　질문자님이 법문도 듣고, 마음공부도 열심히 하면서 '이제는 좀 너그러워져야지.', '두 사람을 좀 더 이해해 보자.'라고 다짐하더라도, 두 상사는 여전히 자신들의 의견만 고집할 거예요. 자기 생각이 '나'라고 여기는 두 상사가 스스로의 견해를 바꾸지 않는 한, 앞으로도 그럴 확률이 높습니다.

　그래서 어떻게 해야 하냐고요? 아무것도 안 하셔도 돼요. 중간에서 그 일을 해결하려고 지나치게 애쓰지 말아요. '내가 아무리 노력해도 상대방이 바뀌지 않을 것 같다.'라는 생각이 들 때는 손을 놓는 용기도 필요합니다. 상대방이 바뀌지 않는데도 계속 혼자서 애쓰기만 하면 질문자님의 마음만 아파요, 질문자님만 힘들어져요. '이래도 흥, 저래도 흥' 하셔도 괜찮아요.

　저도 예전에 그랬어요. 절 살림을 맡으면서 전전긍긍하는 제 모습을 보고, 스승님께서는 이렇게 말씀하기도 하셨어요. "보만아, 너 없이도 절은 잘 굴러가."

　회사를 그만두라는 뜻이 아니에요. 자신을 자책하면서까지, 벌주듯이 노력하지 않으셨으면 해요. 그리고 억지로 버티면서 '내가 좋아서 하는 거야.'라고 합리화하지도 마세요. 하기 싫으면, 그냥 하기 싫다고 하세요. 괜찮아요. 반대로 꼭 해야 한다면, 하기 싫다고 말하면서 그 일을 하셔도 돼요. 그것도 괜찮아요. 가볍게 사세요. 심각해지지 마세요.

　이 세상은 원래 그래요. 서로 미워하고, 탓하고, 상처받고…. 그러니 부처님께서 세상을 '괴로움'이라고 하지 않으셨겠어요? 이 세상은 온통 괴로움으로 둘러싸여 있으니, 비관적으로 생각하고 우울해지라는 의미가 아니라는 건 아시죠? 세상은 원래 괴로움으로 가득하다는 사실을 알아차리자는 뜻이에요. 세상살이는 원래 이렇게 고단한 거라고요. 그 정도면 정말 잘 하고 계신 거라고요. 자신을 너무 나무라지 마세요.

그리고 이런 서원 하나쯤 품어 보는 건 어떨까요? '나는 반드시 모든 존재가 자신의 살과 같고, 자신의 뼈와 같고, 자신의 반쪽이라고 여기는 사람들, 타인의 아픔을 나의 아픔으로 받아들일 줄 아는 수행자들 속에서 살겠다. 그리고 세상 모든 사람이 마음을 배우고 화합할 때까지 부지런히 수행하겠다.' 하는 큰 바람이요. 그래서 질문자님이 좀 더 좋은 인연을 만나고, 마음이 가벼워지셨으면 해요.

스님도 사랑을 하시나요?

저는 가까운 사람들에게 기대를 많이 했던 것 같아요. 기대한 만큼 실망도 많이 받았던 것 같고요. 내가 좋아하는 사람이니까 상대방이 잘 됐으면 좋겠다는 마음 때문에 챙겨주기도 하고, 특별하게 마음을 더 쓰기도 했는데…. 가끔 상처로 돌아오는 걸 보면 차라리 기대를 하지 말아야 하는 건지 고민이 되기도 합니다. 이런 저를 어떻게 해야 할까요?

질문자님께서 상대방에게 기대한다는 건, 그만큼 질문자님의 마음이 따뜻하다는 뜻이기도 해요. 마음이 따뜻한 사람은 누군가와 함께하는 시간을 소중히 여기고, 그 안에서 자연스럽게 기대가 생기기 마련이죠. 그건 잘못이 아니에요. 아주 자연스러운 마음입니다.

하지만 때론 우리가 어떤 사람에게 다가갔을 때, 예상과 다른 상대방의 태도에 부딪히면 마음이 다칠 때가 있어요. 제가 많은 사람들에게 그래왔던 것 같아요. 가만히 돌아보면 저는 내면에 가시가 참 많았던 사람이었어요. 제게 다가오는 사람들 중에는 제가 무심코 내민 가시에 찔려서 아파하는 사람이 많았어요. 그 사람을 아프게 하려는 의도는 아니었지만, 결과는 늘 그렇게 되더라고요.

그때의 저는 나름대로 객관적이고 타당한 원리 원칙이 존재한다고 믿었던 것 같아요. 학생이면 이 정도는 해야지, 교수라면 이래야 하고, 부모라면 저래야 하고…. 이런 생각이 머릿속에 가득했어요. 그런데 시간이 지나면서 그 기준이 하나둘 무너지더라고요. 무너지긴 무너지는데, 세상과 부딪히면서 무너지니까 많이 아프기도 했습니다. 나는 최선을 다했다고 생각했는데, 돌아오는 건 칭찬이 아니라 오히려 비난과 원망이었거든요. 그렇게 몇 년을 겪고 나니까 이런 생각이 들더라고요. '아, 내가 옳다고 믿었던 것들이 꼭 정답은 아닐 수도 있겠구나.'

그리고 나서야 알게 됐어요. 저는 바깥으로만 가시가 돋친 게 아니고, 안으로도 가시가 자라고 있었다는 걸요. 누군가는 제게 편하게 말을 꺼내고, 때로는 속상한 마음도 털어놓을 수 있어야 하잖아요. 그런데 저는 그런 사람이 되어 주지 못했어요. 이야기하면 도리어 저에게 혼날까 봐, 혹은 자신이 상처받을까 봐, 제게 마음을 꺼내지 못하는 사람들이 많았습니다. 제 가슴 안에는 주변 사람들을 따뜻하게 품을 수 있는 자리가 없었던 거예요. 누군가는 저의 품 안에 들어와서 쉴 수 있어야 하는데, 정작 저는 그 공간을 만들지 못했던 거죠.

그리고 보니 질문자님은 저보다 훨씬 따뜻한 사람이에요. 주변 사람들과 함께 걷고, 마음을 나누고, 같은 방향을 바라보는 시간을 소중히 여기는 분 같아요. 질문을 들으면서 질문자님의 마음이 고스란히 전해졌습니다. 그렇게 따뜻한 마음을 가진 분이 과거의 저처럼 옳고 그름이 분명한 사람을 만났다면 상처를 받을 수도 있었겠죠.

그렇다고 해서 누구의 잘못이라고 할 수 있을까요? 사람을 믿고 기대한 질문자님의 잘못은 아니에요. 그때의 제 방식이 틀렸다고 단정 지을 수도 없고요. 다만, 그런 두 사람이 만나면 서로를 아프게 할 수도 있다는 것을 우리는 항상 염두하고 살아야 해요. 누구의 잘못이라기보다, 마음을 쓰는 방식이 서로 다르기 때문이에요.

누군가를 믿고 기대하고 사랑한다는 건 아주 아름다운 일이에요. 다만 이 세상에는 따뜻한 마음을 품어줄 수 있는 사람이 조금 부족할 뿐이죠. 그렇다고 해서 모든 사람에 대한 신뢰를 거둬야 할까요? 정말로 누군가를 신뢰하는 것이 나의 잘못일까요?

저는 그렇게 생각하지 않아요. 물론 믿고 사랑했던 이에게 상처를 받은 경우가 많다면, 주변 사람들에게 진심을 건네야겠다는 생각이 더 이상 들지 않을 수도 있어요. 충분히 이해됩니다. 하지만 그들에 대한 따뜻함을 완전히 버리지는 않으셨으면 해요. 상대가 내 마음을 몰라주고, '나는 네 신뢰 따위엔 관심 없어.' 하며 내 마음을 무시하거나 가볍게 대하더라도, 우리가 무너질 이유는 없어요. 왜냐하면, 질문자님은 상대의 반응을 기대하며 사랑한 게 아닐 테니까요.

어떤 분이 제게 이런 질문을 하셨어요. "스님도 사랑을 하시나요?" 그래서 저도 스승님께 여쭤봤습니다. "스님, 사랑이라는 감정은 어떤 걸까요? 스님께도 그런 감정이 있으신가요?" 그랬더니 스승님께서 웃으시면서 이렇게 말씀하셨어요. "왜 없어. 누구든 사랑할 수 있지."

우리가 꽃을 사랑하는 것도, 이성을 사랑하거나, 동성을 사랑하는 것도, 엄마가 자식을 사랑하는 것처럼 지극히 자연스러운 일이에요. 사랑은 그 자체로 죄가 될 수 없습니다. 누군가를 사랑하는 건 잘못이 아니에요.

문제는 그 사랑에 '반응'을 기대하면서 시작돼요. 상대도 나를 사랑해 주길 바라고, 내가 준 마음만큼 되돌려받고 싶어질 때, 그리고 주위로부터 나의 사랑을 인정받고 옳다는 동의를 바랄 때 거기서부터 아픔이 생깁니다.

그래서 스승님께서는 사랑 중 가장 아름다운 사랑은 짝사랑이라고 하셨어요. 상대는 내가 그를 사랑하는지 모를 수도 있지만, 나는 그를 볼 때마다 마음이 설레고, 잘해주고 싶고, 웃게 해 주고 싶어요. 그냥 바라보는 것만으로도 기쁘기도 하고요. 물론 용기 내어 고백했다가 거절을 당하면 슬퍼지기도 합니다. 그렇다고 해서 사랑이 사라진 걸까요? 아니에요. 사랑은 여전히 마음속에 있어요. 단지 '반응'을 기대한 순간부터 사랑은 사랑이 아니라, 욕심이 되었을 뿐입니다.

마음껏 사랑하세요. 하지만 가지려고 하지는 마세요. 왜냐하면, 세상에 그 어떤 것도 ―사람이든, 마음이든, 아주 작은 꽃 한 송이든― 진짜 내 것이 되는 건 없거든요.

누군가를 좋아하고, 아끼고, 사랑하는 건 정말 아름답고 행복한 일이에요. 그러니까 두려워하지 마세요. 반응을 기대하지 말고, 사랑하는 그 마음 그대로 표현하세요. 주변 사람들도 분명 질문자님의 따뜻함을 느낄 수 있을 거예요.

지나간 것은 지나간 대로

제 자신을 알아가면서 어린 시절에 가족들에게 받은 상처를 많이 극복했다고 생각했어요. 하지만 때로는 여전히 그 시절에 붙잡혀 있는 것 같기도 합니다. 그 상황에서 어쩔 수 없었던 가족들이 이해되지만 어린 시절을 자꾸만 떠올리게 되고 그때의 제가 너무 안쓰럽고 아프게 느껴지기만 합니다.

지난날의 내가 지금의 나를 발목 잡는 것처럼 느껴질 때가 있습니다. 과거는 이미 끝난 일이라는 것을 머리로는 알아도, 마음에서는 여전히 그 일이 생생하게 느껴지는 것처럼 말이죠. 3장에서 전해드렸던 『백유경』 이야기, 죽은 아내의 남편 이야기를 기억하시나요? 사실 우리 이야기이기도 합니다. 경전에서 말한 죽음은 육신의 죽음뿐만 아니라, 과거로 흘러간 모든 기억을 말하고 있어요.

모든 경험은 '지금'이라는 찰나에 생겨나지만, 그 찰나는 잠시도 견디지 못하고 과거로 사라집니다. 그리고 사라진 것들은 기억의 그릇에 자동으로 저장되죠. 질문자님이 말한 어린 시절의 상처 역시 기억의 그릇에 저장된 이야기입니다. 다시 말하면, 이미 사라지고 없어졌지요. 상처가 되었던 말도, 행동도 지금은 존재하지 않습니다. 없는 것은 명확히 '없다'고 인정해 주세요. 지금 느껴지는 건, 그저 기억일 뿐이에요. 그리고 그 기억은 절대 다시 가져올 수 없습니다.

하지만 우리는 기억을 너무도 실감 나게 느낍니다. 마치 지금 살아 있는 것처럼 말이죠. 그렇기 때문에 과거의 기억을 생생하게 느끼며 여전히 힘들어하고 있는 질문자님의 모습이 만들어진 거예요. 잘못된 건 아니에요. 정신이 가진 특별한 능력 때문이기도 하거든요. 정신은 이미 사라진 기억을 지금 눈앞에 있는 것처럼 생생하게 되살려 내는 힘을 가지고 있어요. 이건 아주 위대한 능력이에요.

예를 들어, 초등학교 때 단짝이었던 친구를 길에서 오랜만에 마주쳤을 때 우리는 바로 "와아! 정말 오랜만이다! 반가워!" 하며 환하게 인사할 수 있어요. 이게 가능한 건, 과거로 지나간 기억을 지금으로 끌고 오는 능력 때문입니다. 만약 그런 능력이 없다면 반가워하는 친구에게 "실례지만 누구세요?" 하고 되물었을지도 몰라요.

기억이란 본래 자신의 성장을 위한 능력이었어요. 하지만 많은 사람들이 자신을 괴롭히는 데에 이 능력을 더 많이 사용하고 있는 것 같아요. 힘들었던 과거의 일을 계속 지금으로 끌고 와서, 지금 이 순간을 아프게 만드는 데 쓰는 거죠. 날이 아주 잘 선 칼을 줬더니 의사처럼 사람을 살리는 데 쓰는 게 아니라, 강도처럼 사람을 위협하는 데 쓰는 것과 같아요. 칼은 죄가 없잖아요. 문제는 그 칼을 어떻게 쓰느냐죠. 기억도 마찬가지입니다. 이미 모두 지나가서, 하나도 남지 않은 과거의 기억을 떠올려 가슴 찢어지고, 아프고, 슬픈 감정을 되살리는 데만 사용한다면 정말 안타깝지 않을까요.

그렇다면 왜 우리는 이 능력을 자신을 해치는 것으로만 쓰고 있을까요? 그것을 어떻게 써야 하는지에 대해서 배운 적이 없기 때문이에요. '이미 사라진 것은 다시 가지고 올 수 없다.', '기억이 떠올랐을 뿐이지, 지금 존재하는 건 아니다.' 하는 이야기를 듣고, 이해하고, 믿어본 적이 없어요. 대신 우리는 무엇을 연습했을까요?

"너, 옛날에 나한테 그랬잖아." 이 말만 반복하면서, 사라진 기억을 지금처럼 느끼는 연습만 했습니다. 심지어 상대방은 기억하지 못하는 일을 혼자서만 오래도록 간직하기도 해요. '돌 던진 놈은 기억 못 하지만, 돌 맞은 개구리는 절대 못 잊는다.'라는 말이 있죠. 상대방은 이미 잊어버린 것을 자신은 진실이라고 믿으며 자꾸 되새기고 있습니다. 그렇게 반복하다 보면 기억이 마치 진짜 현실처럼 느껴지게 돼요. 이게 가능한 이유도 우리가 지닌 정신이 그만큼 위대하기 때문입니다. 이 정신으로 지옥도 만들어 낼 수 있고, 천국도 만들어 낼 수 있어요.

질문자님. 어린 시절의 상처들을 많이 극복하신 것 같다고 하셨죠? 저도 그렇게 느꼈어요. 그렇지만 한 걸음 더 나아가기 위해서는 극복했다라는 의미도 다른 시선에서도 바라봐야 할 것 같습니다.

우리가 흔히 겪는 또 하나의 오래된 병이 있습니다. 자신이 부족하다고 느끼면, 부족함을 만회하고 채우기 위해서 스스로에게 아주 엄격한 기준을 세우기 시작해요. 누구에게도 트집 잡히지 않기 위해 완벽주의자가 되기도 하고요. 그런데 완벽주의의 바탕에는 '자신은 별 볼 일 없는 사람'이라는 믿음이 깔려 있을 수 있어요. 그래서 '나는 부족하니까 공부라도 잘해야 해.', '모든 사람에게 친절해야 해.' 하면서 자기 삶의 모든 것을 틀에 맞춰 넣기 시작하죠. 그리고 이 엄격한 잣대를 타인에게도 들이댑니다. "너는 이것도 못 해?", "이 정도는 누구나 기본적으로 해야 되는 거 아니야?" 상대방을 내가 원하는 모양으로 만들려고 해요. 그런데 누가 그런 걸 좋아할까요? 아무도 좋아하지 않습니다. 오히려 상대방과 멀어지고, 상처받고, 괴로움만 남습니다.

스스로를 부족하다고 여기는 사람은 교만한 사람보다 훨씬 더 깊은 마음의 병을 가졌다고 할 수 있습니다. 설령 아무리 자기보다 못난 사람을 곁에 데려다 놓아도, 스스로를 무가치하게 여기는 사람은 자신이 더 불행하고 초라한 사람이라고 생각합니다. 부처님의 가르침은 초라한 나를 더 선명하게 확인하라는 말씀이 아니에요. 나조차도 몰랐던 '내 안의 위대함을 발견'하게 해주는 가르침이에요. 그래서 무한한 가능성과 자신감을 얻게 되는 거지요.

누군가가 과거의 기억을 끌고 와서 괴로워할 때, "지나간 걸 왜 자꾸 끌고 와."라고 말하는 건 어떤 사람이든 할 수 있는 말이에요. 그렇지만 불교의 가르침은 달라요. 부처님께서 만약 질문자님의 이야기를 들었다면 "너에겐 어떤 능력이 있길래 이미 사라진 그것을 지금 여기에 끌고 올 수 있는 거니?" 하고 말씀하지 않았을까요? '이렇게 하고 저렇게 하세요.'가 아니라, 왜 그런 마음이 생겼는지를 설명하는 것이 바로 불교의 시선이에요.

질문자님은 이미 정답을 알고 있어요. 그런데 마음 깊은 곳을 들여다보면 여전히 자신을 남들보다 못한 사람이라고 여기는 생각이 자리 잡고 있는 것 같아요. 그런데 정말 못난 걸까요? 전혀 그렇지 않습니다. 스스로 그렇게 여길 뿐이에요. 그런데도 자꾸 못난 '나'를 찾고, 그쪽으로만 생각이 흘러가요. 남 탓, 내 탓, 누군가를 찾아서 벌주는 연습만 지나치게 열심히 반복해 온 겁니다.

어릴 적 기억에 빠져들 때마다 이렇게 말씀해 보세요. '과거에 벌어졌던 일을 어쩜 이렇게 생생하게 끌고 올 수 있었지? 다 지나간 일인데, 그 생각만 하면 감정이 다시 살아나는구나! 과거의 기억을 끌고 오는 이 능력이야말로 정신의 대단한 기술 아닐까?' 문제에 매몰되지 않고, 시선을 바꿔서 자신을 객관적으로 다시 바라보기 시작하면 질문자님의 삶도 서서히 바뀌게 될 겁니다.

그리고 마지막으로 꼭 기억해 주세요. 이 공부는 지식을 쌓는 게 아니라 삶을 바꾸기 위한 것입니다. 내 삶은 그대로 두고, 또 무언가를 계속 예외로 두고서 공부하면 아무 소용 없어요. 자신이 배운 것을 지금 이 삶 전체에 그대로 대입해야 진정한 이익을 가져갈 수 있을 겁니다.

때로는 '지혜로운 방관자'처럼

가까운 친구가 있는데, 늘 같은 실수를 반복합니다. 그 친구가 걱정돼서 조심스럽게 충고를 해도, 듣는 둥 마는 둥 하다가 결국 예전과 똑같아지더라고요. 옆에서 지켜보는 제가 더 답답하고, 충고를 거듭하다 보니 이제는 괜히 저만 힘든 것 같습니다. 이런 사람을 어떻게 대해야 제가 지치지 않을 수 있을까요?

이런 경우가 있어요. 상대방을 그냥 두자니 뭔가 잘못될 것 같고, 그렇다고 개입하자니 자신이 힘들어지는 경우죠. 왜 힘드냐면, 그 사람이 내 말을 안 들을 걸 이미 알고 있기 때문이에요. 그래서 갈등이 생겨요. '말해 봤자 안 바뀔 걸 아는데도 말해야 하나?' 하고 말이죠.

이와 비슷한 이야기가 『아함경』에 나옵니다. 옛날에 말을 조련하던 사람, 조마사(調馬師)가 있었어요. 이 조마사가 어느 날 부처님과 대화를 나눴습니다. 부처님께서 물으셨어요. "너는 말을 훈련할 때 몇 가지 방법을 쓰느냐?" 조마사는 네 가지 방법을 쓴다고 말했어요. 첫 번째는 당근을 줍니다. 말을 잘 들으면 먹는 걸 주는데, 당근만 받아먹고 나중에는 말을 안 듣는 말도 있어요. 그럴 땐 채찍을 쓴답니다. 두 번째 방법이죠. 채찍을 쓰는데도 말을 안 들으면 당근과 채찍을 번갈아 쓴다고 해요. 세 번째 방법까지 안 먹히면, 네 번째 방법으로 그 말을 죽인다는 거예요. 아마도 다른 말들이 그 모습을 배워 따라 하기 때문이 아니었을까요?

그러고 나서 조마사는 다시 부처님께 여쭈었어요. "그럼 부처님께서는 제자들을 어떻게 가르치십니까?" 부처님께서 말씀하셨어요. "나도 처음엔 회유로 시작한다. 잘 설명하고, 설득도 하고, 자상하게 말해 준다. 만약 말을 안 들으면, 두 번째로 업보를 알려 준다. 행위에 따른 결과를 알려 주면서 강경하게 이야기한다. 그래도 말을 듣지 않으면 회유와 강경을 함께 쓴다." 그마저도 통하지 않는 제자가 있다면 어떻게 하냐는 조마사의 질문에 부처님께서는 이렇게 대답했습니다. "그땐 죽인다." 가만히 듣고 있던 조마사가 놀라서 다시 물었습니다. "아니, 말을 안 듣는다고 제자를 죽인다는 말씀입니까?" 부처님께서 대답하셨어요. "죽인다는 건 더 이상 그 제자에게 가르침을 설하지 않는다는 뜻이다. 그의 말에 귀 기울이지 않고, 그의 괴로움에 관심을 두지 않고, 그의 마음을 돌보지 않는 것이다. 그냥 내버려두는 것이다."

그럼 제자는 어떻게 될까요? 그는 계속해서 자기 생각이 전부라고 믿고, 몸이 곧 '나'라고 믿고, 자기가 알고 있는 방식대로만 세상을 살아가게 됩니다. 그런 상태로 시간이 흐르면 스스로 괴로움에 갇히고, 자신을 소진시키고, 결국은 죽음에 이르게 됩니다. 부처님이 말씀하신 '죽인다'의 의미는 제자를 가르치지 않고 그냥 내버려둔다는 것이었습니다.

어떻게 보면 참 냉정한 이야기일 수 있어요. 지금 질문자님은 바로 이 지점에 봉착한 것 같고요. 그런데 질문자님의 말에서 "제가 어떻게 해야 할까요?"라는 물음은, 질문의 방향이 조금 어긋난 거예요. 왜냐하면, 그건 혼자만의 문제가 아니거든요. 두 사람 사이의 문제잖아요. 두 사람이 함께 풀어야 하는 문제인데, 한쪽에서만 어떻게 해야 할지를 고민한다면 답을 찾을 수가 없어요. "우리가 어떻게 해야 할까요?"라고 해야 맞는 거죠.

질문자님과 인연이 된 그분이 마음을 돌아보는 공부를 함께 하지 않는 한, 두 사람이 화합을 이룬다는 건 거의 불가능해요. 서로가 편안해지려면, 경전에서 이야기하는 '복심(伏心)', 즉 자기 생각을 내세우지 않는 상태가 되어야 합니다. 엎드리는 마음에서는 한 사람이 "이렇게 할까?" 하면 자연스럽게 다른 사람도 "좋아, 그렇게 하자."가 돼요.

그런데 한쪽이 자기 의견을 강하게 내세우는 상황이라고 가정해 보자고요. 자기 의견을 내면 싸움이 될 것 같고, 안 내면 바보가 되는 것처럼 느껴요. 그 상황에서 사람들은 어떻게 할까요? 바보가 되지 않기 위해 더 강하게 자기주장을 밀어붙이게 되죠. 우위를 차지하기 위해 끝없이 싸우게 됩니다. 이 관계에서 질문자님 혼자만 바뀐다고 화합이 될까요?

자기주장만 내세우는 사람은 결국 다른 사람들과도 갈등이 일어날 것이고, 나중에는 모든 인간 관계에 어려움을 겪게 됩니다. 그때는 갈등에 끼지 않았던 제3자를 찾기 마련이고요. 지금 질문자님이 서 있는 자리가 바로 그 자리일 수 있어요. 어느 쪽 편도 들지 않고,

누구를 바꾸려고 하지도 않고, 그 자리를 묵묵히 지키는 것. 그게 질문자님이 하셔야 할 역할입니다.

만약에 질문자님께서 상대방에게 계속 충고를 한다거나, 다른 한쪽에 끼어들어 편을 들기 시작하면 그 자리는 더 이상 안정의 중심이 될 수 없게 됩니다. 하지만 중심을 잘 지키고 흔들리지 않는다면 언젠가는 질문자님의 말에 귀를 기울일지도 모르죠. 물론 제가 그분을 직접 만나 본 건 아니라 장담은 못하지만, 사람 마음이라는 게 그래요. A도 아니고 B도 아닐 때, 자연스럽게 제3의 해답을 찾으려고 하거든요. 그때 질문자님이 초연히 자리를 지키고 기다렸다면 상대방은 오히려 마음을 열고 본인의 이야기를 하게 될 거예요.

그렇지 않은 상황에서는 솔직히 어려워요. 지금처럼 아무런 개입을 하지 않고 중심을 지키는 자세가 오히려 도움이 될 수 있어요. '지혜로운 방관'이라고 하죠. 거꾸로, 질문자님이 자꾸 개입하고 판단하려 든다면 오히려 더 복잡한 갈등을 만들어 낼 수도 있으니, 지금처럼 그 자리를 지키며 상대방이 천천히 다가오길 기다려 보세요. 때로는 시간이 약이 될 수도 있으니까요.

진지하면 속은 거예요!

고등학생 딸 방은 정말 돼지우리 같아요. 몇 번이고 치우라고 해도 들은 척도 안 하고, 가끔은 "내 방이니까 내가 알아서 할거야!"라고 버티기까지 합니다. 방에 들어갈 때마다 속이 터져요. 화를 내면 결국 분위기만 싸해지고요. 이럴 땐 어떻게 해야 좋을까요? 그냥 내버려둬야 할까요?

우리 따님은 '더러움'을 몰라요. 따님의 방이 어머니의 눈에는 참을 수 없을 정도로 지저분하게 느껴지겠지만, 따님은 전혀 불편하지 않은 거예요. 왜 다를까요? 이유는 간단합니다. 기억이 다르기 때문이에요. 따님은 '깨끗한 방'에서 기분 좋았던 경험, 즐거웠던 기억이 딱히 없어요. 그러니까 깨끗한 방이 좋다는 걸 몰라요. 뭐가 더럽고, 뭐가 깨끗한지 구분되지 않는 거죠. 정답을 알아야 오답도 알 수 있는데, 아직 정답에 해당하는 기억이 없는 거예요. 어머니가 "방 치워라, 깨끗하게 해라." 하니까 그냥 '내 방이 더러운가 보다.' 하는 거죠. 그럼 따님이 잘못된 걸까요? 아니에요. 그저 깨끗한 방이 얼마나 쾌적하고 편안한지를 아직 경험해 보지 못했을 뿐이에요.

사실 따님은 방 안 치우는 것 말고는 딱히 문제 될 게 없어요. 크게 말썽을 피운 적도 없고, 학생으로서 자기 할 일을 안 하는 것도 아니죠. 다만 방을 깨끗이 하지 않을 뿐이에요. 이게 그렇게 큰 문제일까요? 큰 문제가 아니라면 방 청소 안 하는 것 빼고는 다 괜찮다고 생각하고, 그 외의 장점들을 칭찬해 보는 건 어떨까요? 그리고 조금 덜 심각하게 반응해 보는 건 어떨까요?

방이 엉망인 건 사실이죠. 인정하세요. 하지만 따님에게 조금 다른 표현으로도 말할 수 있어요. "아이고, 우리 딸은 진짜 방을 예술처럼 어질러 놓는 재주가 있구나! 백 평 아파트를 줘도 하루 만에 쓰레기장으로 만들겠어. 엄마는 그 재주가 없어서 부럽다." 이렇게 장난스럽게 웃으면서 말해 보세요. 그러면 따님도 웃어요. 그런데 인상 쓰고 심각하게 얘기하면, 따님은 짜증이 나겠죠. 별일 아닌 일로 관계가 어긋날 수 있어요. 행복한 모녀 관계와 맞바꿀만큼 방청소가 의미심장한 중대사라고 생각하세요?

"우리 딸은 전생에 돼지였나 봐. 방이 완전 돼지우리야. 그래도 건강한 돼지니까 이렇게도 만드는 거지. 어디라도 아프면 어지르지도 못했을 텐데. 건강해서 고마워. 앞으로도 잘 부탁해." 그렇게 웃으면서 이야기하면 따님도 웃을 거예요. 중요한 건 방이 더럽다는 사실보다 어머니가 어떤 마음과 태도로 받아들이느냐예요.

이건 누구의 잘못도 아닙니다. 딸이 방을 치우지 않는 것도, 그런 딸을 보면서 기분이 언짢은 어머니의 마음도 지극히 평범해요. 어느 부모와 자식 사이에서든 일어날 수 있는 일이에요. 다만 부모님이 먼저 진지함을 내려놓고, 유쾌하고 가볍게 접근하실 수 있다면 자녀들도 마음의 문을 열 수 있어요.

저는 어린 시절부터 절에서 생활했습니다. 그때 저를 보살펴 주시던 비구니 스님이 계셨는데요. 제가 고등학생이었던 어느 날 샤워를 마치고 나오던 길에 문 앞에서 그 스님을 우연히 마주쳤습니다. "스님, 안녕하세요." 하고 반갑게 인사드렸더니, 저를 쓱 보시곤 웃으면서 이렇게 말씀하셨어요. "안 씻어?" 방금 씻고 나온 저에게 그런 말씀을 하시다니요. 물론 농담이셨습니다. 그래서 저도 "예, 씻겠습니다." 하고 웃으며 넘겼죠. 그 스님에게도 저에게도 마음속에 진지함이 없었기 때문에 서로 웃고 지나갈 수 있었어요. 그런데 만약 그 말을 심각하게 받아들였다면 어땠을까요? '방금 씻고 나왔는데 내가 그렇게 지저분해 보이나?' 하며 괜히 억울하고, 기분 나쁘고, 마음이 상했을지도 모르죠. 이렇게 별일 아닌 것처럼 보이는 상황에서도 우리는 금방 '심각함'이라는 고속도로를 달리기 시작해요. 심지어 좋은 일조차도 심각하게 받아들입니다. 복권에 당첨돼도 '남편에게 말해야 하나?' 고민하면서 진지해지죠. 결국엔 진지함이 마음의 평화를 빼앗아 가요.

　제 은사 스님은 불교계의 큰 어른이신데, 저 같은 상좌에게도 늘 유쾌하고 익살스럽게 말씀하세요. 지난봄이었어요. 강연료를 모아 선물로 겨울 장갑 한 켤레를 드린 적이 있어요. "스님, 강연료로 장갑을 샀습니다." 하고 드렸더니, 받자마자 웃으면서 하신 말씀이 이랬습니다. "보만아, 겨울 다 갔는데 이걸 주냐?" 저도 지지 않고 재빨리 받아쳤어요. "곧 다시 겨울 옵니다, 스님." 웃음이 오가는 순간이 얼마나 따뜻하고 즐거웠는지 모릅니다. 한참 대화를 나누던 중, 스님께서 갑자기 제게 내복이 있느냐고 물으셨습니다. 그러시더니

"잠깐 들어와 봐. 내복 좀 줄게." 하시며 방으로 들어가시는 거예요. 그때 제가 뭐라고 했을까요? "스님! 겨울 다 지났는데 내복 주시려고요?" 우리는 또 한바탕 웃음을 터뜨렸습니다. 은사 스님을 뵐 때마다 느낍니다. 수행자의 진짜 모습은 엄숙함이 아니라, 유쾌함 속에 있다는 것을요.

항상 진지했던 저와는 달리 늘 유쾌했던 스승님과의 일화가 떠오르기도 하네요. 예전 어느 날, 절에 불이 크게 난 적이 있었습니다. 창고 전체가 타버릴 정도로 큰 불이었습니다. 저는 정신없이 뛰어다니며 불을 끄려고 했지만, 불길은 쉽게 잡히지 않았어요. 가슴이 무너지는 심정이었습니다. 그런데 저희 스승님은 아주 담담하게 말씀하셨어요. "보만아, 잘되는 집안은 불이 나더라도 잘되려고 나는 거야. 그리고 불이 났을 땐 소화기를 들어야지, 진지함을 들면 불이 꺼지겠어?" 스님께서는 '어떻게 관리를 했길래 불을 냈느냐.'라는 질책 대신, 유쾌한 농담으로 받아넘기셨어요. 벌써 불은 났고, 다 타버렸고, 그리고 무사히 진압까지 했다면 심각하게 대할 필요가 없다는 거죠. 진지하고 무겁게 생각한다고 해서 다 타 버린 건물이 다시 되돌아오겠냐고요. 스승님의 말씀 한 마디에 저는 얼마나 큰 위로를 받았는지 모릅니다.

'진지하면 속은 거야.' 스승님께서 늘 하시던 말씀입니다. 그렇다면 무엇에 속는 걸까요? 세상이 진실하다고, 나도 실제로 존재한다고, 그리고 내 생각이 중요하다고 속은 겁니다. '나'는 본래 무아(無我)인데, '실재하는 존재'라고 착각하며 속지요. 생각과 세상, 그리고

'나'라는 것은 출처와 멸처도 없이 잠시 생겨났다가 사라질 뿐인데, 우리는 그 진리를 잊어버리면서 어느새 속게 됩니다.

이 가르침을 잊어버리면 지나치게 진지해져요. 진지하지 않아도 삶은 살 수 있어요. 설령 따님이 돼지우리처럼 방을 어지럽힌다고 해도, 진지함을 덜어 내고 웃으며 따님의 행동을 얼마든지 바꿀 수 있어요. 그리고 무엇보다 진지함을 덜어 내면 어머님이 스트레스를 안 받잖아요.

제가 법당에서 법문할 때마다 하는 이야기가 있어요. 왜 도대체 법문하기 전에 〈청법가〉만 부르고 나면 초상집 분위기가 되느냐고요. 법문을 듣고 강의를 듣는 자리가 지나치게 엄숙하고 무거운 거예요. 가르침의 내용은 정말 귀하고 경건하지만, 이 공부는 즐거운 거잖아요. '오늘은 무슨 말씀을 해 주실까, 오늘은 뭘 배울 수 있을까, 저걸 배우면 내 인생은 또 얼마나 행복해질까.' 하는 기쁨을 기대하고 공부하는 게 불교를 배우는 시간이라고 생각합니다. 그래서 저는 유쾌하게 여러분들을 대할 테니까, 우리 어머님도 진지함을 빼고 이야기하는 연습을 한번 해 보세요. 아셨죠?

'반팅'하다가 들킨 덕에 알게 된 사랑의 비밀

제 나이가 이제 적지 않은데, 아직 한 번도 제대로 연애해 본 적이 없습니다. 주변에는 이미 결혼한 친구들이 많은데, 저는 연애 경험조차 없다 보니 점점 더 위축돼요. '나도 사랑을 할 수 있을까. 좋은 사람을 만날 수 있을까.' 하는 걱정이 큽니다. 정말 저도 언젠가는 사랑을 하면서 행복해질 수 있을까요?

제가 고등학교 1학년 때 '반팅'을 한 적이 있어요. 저는 남고를 다녔는데, 맞은편에 있던 여고생들을 만날 수 있는 기회였어요. 1학년 1반 13번이었던 제 상대는 여고에 다니던 1학년 1반 13번 여학생이었어요. 자기소개와 하고 싶은 말을 쪽지에 빼곡하게 써서 서로에게 건네는 식이었죠. 물론 쪽지를 직접 주고받지는 않았어요. 중간에 쪽지를 전달해 주는 '연락책', 일종의 브로커 친구가 있었어요. 남고 브로커가 쪽지를 모아서 여고 브로커에게 전달하고, 여고 브로커가 모아온 쪽지를 남고 브로커에게 전해 주고. 지금 생각하면 그때의 학생들이 귀엽지 않나요?

저와 제 친구들은 '남중 - 남고'를 다녔으니, 여고생과의 교류가 얼마나 흥분되는 일이었겠어요. 말 그대로 난리였어요. 있는 이야기, 없는 이야기 다 써서 쪽지를 보내던 중에 담임 선생님께 딱 걸린 거예요. 선생님은 쪽지를 전부 압수해서 교실 바닥에 쌓아 놓고, 라이터로 태워 버리셨어요. 정신 차리라고요. 지금 생각하면 그저 즐거운 추억입니다.

그날 절에 돌아와서 스님께 반팅하다가 걸린 일을 말씀드렸어요. 그랬더니 스님께서 너도 쪽지를 썼느냐고 물으시더라고요. 하는 수 없이 이실직고했죠. 스님께서 웃으시면서 그걸 왜 썼냐고 물으셨고, 궁금해서, 재미있을 것 같아서 해봤다고 솔직하게 말씀드렸어요. 그런데 그때 스승님께서 제게 주신 가르침을 잊을 수가 없어요.

스승님께서 물으셨어요. 고양이는 쥐를 보면서 무슨 생각을 하겠냐는 거예요. 고양이가 쥐를 보면 '맛있겠다, 먹고 싶다.' 하겠죠. 그런데 사람이 쥐를 볼 때도 고양이와 똑같을까요? 시궁창에서 헤엄치다가 온갖 오물을 다 뒤집어쓰고 기어오르는 쥐를 보면, '더럽다, 징그럽다.' 하고 생각할 겁니다. 같은 쥐를 보면서도 사람과 고양이가 다르게 생각하는 것은 사람 앞에서는 쥐가 더럽게 변하고, 고양이 앞에서는 맛있게 변해서 일까요? 아닙니다. 뭐가 다르기 때문에 그렇게 보이는 거죠? '보는 자'가 다르기 때문이에요. 더 정확히는 '보는 자의 견해'가 다르기 때문이에요. 보는 자의 견해에 따라서 한 마리의 쥐가 '맛있다'가 되기도 하고, '더럽다'가 되기도 하는 거예요.

이 이야기 끝에 스승님은 "보만아, 네가 고등학교 1학년 때의 견해로 '저 여학생과 꼭 사귀고 싶다.' 하는 마음이 들었다고 하자. 대학교에 가서도 그 친구가 예뻐 보일까?"라고 질문하셨어요. 저는 그렇다고 대답할 수가 없었어요. 대학생이 되면 제 견해는 분명히 바뀔 테니까요.

우리가 가장 귀하고 아름답다고 여기는 것들이 있습니다. 그것은 물건일 수도 있고, 사람이나 가치관이 될 수도 있습니다. 그런데 '나'라는 존재가 끊임없이 변한다는 사실을 아는 사람은 이렇게 깨닫습니다. '지금 내 눈에 저 사람이 너무나 귀하고 아름답고, 심지어 그 사람 없이는 살 수 없을 것처럼 느껴진다 해도, 이 감정 또한 반드시 변할 것이다.'라고요. 내 마음은 반드시 변합니다. 하지만 변한다는 게 나쁜 뜻은 아닙니다. 오히려 그 사실을 아는 사람은 지금의 감정이나 가치가 절대적인 것이라고 믿지 않아요. 그도 역시 사랑할 수도 있고, 그리워할 수도 있습니다. 다만 그 감정은 어디까지나 '지금 이 순간의 나', '지금의 견해와 수준에서 느끼는 감정'일 뿐이라는 것을 아는 것이지요.

제가 반팅에 성공해서 1학년 1반 13번 여학생과 연애에 성공했다면, 저는 연애하느라고 대학을 못 갔을 수도 있어요. 대학을 가서 더 아름다운 사람이 나타났더라도 그를 알아볼 수 없었을지도 몰라요. 그렇다면 지금 내 눈에 비친 아름다운 무언가를 잡는 게 우선일까요, 아니면 나의 견해를 아름답게 높이는 게 우선일까요? 바꿔 말하자면, 벌과 나비를 찾아다니는 게 옳을까요? 내가 꽃이 되는 게 옳을까요?

질문자님도 무언가를 선택하기 전에 자신의 견해를 높여야 합니다. 스승을 만나 내 삶의 방향을 찾고 부지런히 정진하는 겁니다. 그러다가 어느 날, 질문자님의 옆을 보세요. 질문자님 옆에서 같은 곳을 바라보고 가는 누군가가 분명히 있을 거예요. 그런 사람과는 결혼을 하든, 연애를 하든, 결혼하지 않고 평생을 함께 하든 질문자님과 함께 같은 방향을 보며 걸어갈 사이가 될 겁니다. 저는 기왕이면 최고의 인연, 도반으로 함께 걸어가시길 추천하지만요.

지금 내 앞에 있는 사람이 아무리 훌륭해 보이고, 아무리 아름다워 보인다 해도, 그건 어디까지나 '지금 내 견해의 수준'에서 그렇게 보인다는 사실을 절대 잊지 마세요. 우리가 가장 먼저 해야 할 일, 그리고 계속해서 해야 하는 중요한 일은 스승을 찾아 자신의 견해를 높이는 것입니다.

스승님께서는 저에게 늘 이렇게 말씀하셨어요. "보만아, 너는 사랑받을 수 있는 사람이야. 사랑한다, 보만아." 처음엔 좀 어색하기도 했어요. 사실 한 번도 들어보지 못했던 말이었으니까요. 그 말을 듣기 전에 저는, 누군가에게 잘 보이려고만 노력했거든요. 그런데 스승님의 그 한마디를 통해서 처음으로 이렇게 생각했어요. '나는 누군가에게 사랑받을 수 있는 존재구나.', '그동안 왜 나를 아름답게 빛내려는 연습은 하지 않았을까?', '왜 세상에 맞추려고만 했을까?'

스승님의 말씀에 저는 스스로를 돌아보게 되었고, 큰 용기를 얻을 수 있었습니다. 이제는 누군가를 위해서, 무언가를 얻기 위해서 사는 게 아니라, 그저 지금 이 자리에서 내가 환하게 빛나는 것이 행복이라는 걸 알게 되었어요. 질문자님도 그러셨으면 좋겠습니다. 질문자님 스스로 빛나면 주위도 저절로 밝아지고, 그 밝음을 느낀 사람들이 자연스럽게 질문자님 가까이에 다가올 겁니다. 그러면 분명히 좋은 인연을 만나게 될 거예요!

제 세상을 아름답게 만들어 주신 분들, 감사합니다!

요즘 마음공부를 하면서 예전과는 다른 즐거움을 느낍니다. 그런데 이상하게도 공부 모임에서 만난 분들과는 대화가 깊고 즐겁게 이어지는데, 정작 오랫동안 알고 지내던 친구들을 만나면 이야기가 얕고 공허하게 느껴져요. 예전처럼 재미있지도 않고요. 그래서 '굳이 억지로 계속 만나야 할까?' 하는 생각이 듭니다. 이런 제 마음, 어떻게 바라봐야 할까요?

불교 용어 중에 '훈습(熏習)'이라는 말이 있어요. '연기 훈(熏)', '익힐 습(習)'. 연기가 자욱한 곳을 지나가면 그 냄새가 옷이나 몸에 배듯, 자주 접하는 것들이 내 몸과 마음에 스며든다는 뜻이에요. 마음은 보이지 않지만, 말투, 표정, 분위기, 태도 같은 걸 통해 조금씩 서로에게 물들어 가요. 이걸 '훈습된다' 또는 '물든다'라고 표현합니다.

   제가 여러분을 만나고, 여러분이 저를 만나는 이 시간에도 우리는 서로에게 물들고 있어요. 그 시간이 즐겁고 좋았다면, 그건 좋은 훈습이 일어난 거예요. 공부나 수행이라는 단어를 접하면 무언가를 배우거나 외워서 지식을 쌓는 것만을 떠올리기 쉽습니다. 그것도 일종의 훈습은 맞지만, 지식이 많아졌다고 해서 자신이 더 행복해지는 건 아닙니다. 저는 지식보다는 이렇게 함께 웃고, 느끼고, 편안했던 기억을 쌓는 게 훨씬 더 중요한 공부라고 생각해요.

제가 한 시간 동안 법을 나누면서 즐겁게 이야기를 했고, 여러분이 그 시간 동안 많이 웃었다면, 그 웃음이 여러분과 제 마음에 남아요. 서로에게 아름답게 물들어 가는 과정이죠. 반대로 어떤 사람을 만났는데, 이야기를 나누고 나서 기분이 나빠졌다면, 그건 좋지 않은 훈습이에요. 좋은 향기가 아니라 악취가 스며든 것과 같죠. 그럴 땐 가능한 한 멀리하는 게 좋아요. 나도 모르게 그 냄새에 물들 수 있으니까요.

그래서 불경에서는 스승보다 더 중요한 게 도반이라고 말해요. 도반이 곁에 있으면 스승을 알아보는 눈이 생기지만, 도반 없이 혼자서만 공부하면 스승이 옆에 있어도 못 알아봅니다. 그래서 뭔가를 외우거나 새로운 지식을 접하는 것도 좋지만 함께 웃고, 이야기하고, 그렇게 물들어 가는 이 시간이 더 소중한 공부라고 말씀드리고 싶어요.

이 시간이 기다려지고 행복하게 느껴지는 분이라면, 그보다 더 공부를 잘하고 있는 사람은 없어요. 그리고 즐겁게 공부했던 기억의 감정, 제8식은 다음 생으로 연결됩니다. '이건 커피다, 자동차다.' 하는 지식적인 차원에서의 기억은 다 놓고 가요. 이번 생에 쌓은 지식은 다음 생에서 아무것도 기억하지 못합니다. 하지만 그 기억들이 만들어 내는 저변의 잠재의식은 다음 생의 씨앗으로 분명히 심어집니다.

그래서 저는 여러분이 뭘 하든 즐거워야 한다고 생각해요. 어디에 있든 행복하고, 유쾌하고, 가볍게. 그게 가장 중요해요. 그런데 그렇게 살기 위해 꼭 기억하셔야 할 게 있어요. 앞에서 지겹게 반복한, 바로 '생각'을 '나'로 삼지 않는 것입니다. '생각'을 '나'로 삼는 순간부터 너무 진지해져요. 심지어 행복하면서도 진지해요. 행복을 '나'라고 여기면 그게 사라질까 봐 두려워지거든요. 젊음이 무너질까 봐, 돈이 없어질까 봐, 지금 이 좋은 순간이 사라질까 봐 계속 불안해지는 거예요. 하지만 지금 질문자님은 '생각'을 '나'로 삼지 않는 공부를 하고 있어요. 그래서 이제는 진지함에 빠지지 않을 힘이 생기기 시작했습니다. 진지하면 속은 거예요.

가끔은 예전부터 알고 지냈던 사람들, 특히 이 공부를 하지 않는 사람들과 만났을 때 딱히 즐겁지 않다는 느낌이 들 때가 있어요. 4장에서 '복심 시도량(伏心 是道場)'이라는 경구를 이야기했죠? 우리가 처해 있는 모든 공간은 배움의 자리예요. 만약 내가 복심할 자신이 없다면 즉, '나는 생각이 아니다.' 하는 그 자리에 머무를 수 없다면, 그 공간을 피하는 것도 지혜입니다. 반면, 생각을 나로 삼지 않는 사람이라면 어디를 가든 공부가 되겠죠. 무엇을 보든 누구를 만나든 그 안에서 배움이 일어나요.

'아, 저렇게 하면 안 되는 거구나.', '이런 일도 있을 수 있구나.', '내가 이 길을 피할 수 있어서 참 다행이다.' 이런 식으로, 일상의 상황 속에서도 깊은 통찰이 생깁니다. 그러다 보면 친구들이나 가족에게도 이 공부를 알려주고 싶은 마음을 갖게 되고요. 두려워할 건 아무것도 없어요. 우리가 가지 못할 곳은 단 한 군데도 없습니다. 제대로 공부하는 사람, 복심이 된 사람이라면 그곳이 어디든 도량, 수행의 자리예요. 그 사람은 시장통 한복판에 있어도 수행자입니다.

'어디는 가야 하고, 어디는 가지 말아야 한다.', '이곳을 갈 필요가 있느냐, 없느냐.' 이런 질문은 본래 자리를 잃었을 때 나옵니다. 질문자님이 본래 자신의 모습이 무념(無念)이라는 걸 알게 되면, 세상 모든 게 재미로 느껴져요. 아무리 무서운 공포 영화라 하더라도 영화이기 때문에 재밌게 보잖아요. 내 돈까지 내면서요. 그걸 잊지 않으시면 어디에 계시든 자유로우실 겁니다.

여러분들을 만나러 올 때마다 저는 스스로에게 질문합니다. '만약 내가 법문을 하러 오는 길에 사고가 나서, 이번 생의 인연이 여기서 끝나버린다면 후회하지 않겠어?' 그리고 언제나 제 대답은 한결같습니다. '그럼. 후회하지 않지. 나는 지금 진실을 전하러 가는 길이잖아.' 저는 그런 일을 하며 살고 싶어요. 그 일을 하다가 죽어도 절대 억울하지 않을 일. 그게 제 삶의 방향입니다.

저는 늘 그렇게 제 삶을 만들고 싶어요. 그리고 제 삶을 가능하게 해 준 사람이 바로 여러분들입니다. 이 자리에서 듣고 있는 여러분이 아무도 없었다면, 저 혼자서만 이렇게 말하는 거라면 참 쓸쓸하겠죠. 당연히 머지 않아 보만이라는 이름도, 강사라는 이름도 사라질 거예요. 우리는 배웠잖아요. 상즉법. 색깔이 있어서 눈이 있고, 세상이 있어서 내가 있는 법칙. 하지만 지금, 여러분과 함께 즐겁고 행복하게, 조금씩 변화해 가는 모습을 매번 볼 수 있으니 얼마나 기쁜지 몰라요. 여러분은 스스로 잘 모르실 수도 있지만, 정말 많이 바뀌셨어요. 우리 질문자님, 그리고 한 분, 한 분의 눈을 마주칠 때마다 마음이 바뀌어 가는 방향이 느껴져요. 그게 저에게는 정말 큰 감동입니다.

이 시간을 함께해 주신 여러분께 진심으로 감사드려요. 인생을 더 아름답게 바꾸려는 분들이 이 세상에 있다는 것, 그 사실 하나만으로도 저는 큰 희망을 느낍니다. 부디 주변에 많이 알려주세요. 여러분처럼 자유롭고 즐거운 기억을 간직할 수 있는 사람들이 더 많아지길 기도합니다.

마지막으로, 제 세상에 나타나 주신 수많은 분들, 제 세상을 아름답게 장엄해 주신 여러분들, 진심으로 고맙습니다. 사랑합니다!

[부록]
내 마음 관찰 노트

이 코너는 각 장을 읽은 후 스스로에게 건네는 질문을 통해
마음의 작동 원리를 좀 더 살펴봅니다.

마음에서 삐걱대는 소음이 들릴 때 펼쳐 보세요.
그리고 물음에 대한 생각과 느낌을 편안하게 써 보세요.

정답은 없습니다. 잘했다, 못했다를 평가하기보다
그저 마음을 바라보는 작은 기록으로 삼으세요.

'질문'은 오늘의 나를 만나는 길이 되고
'기록'은 내일의 나를 좀 더 단단하게 합니다.

1장. [제품 소개] 마음을 잘 쓰고 싶은 당신에게

분주했던 하루를 마치며,

　　　내면에서 들리는 작은 울림을 만나보세요

1. 불편한 마음이 올라왔을 때, 그 이유를 차분히 짚어 본 적이 있나요? 그때 더 크게 작용한 것은 상황 자체였나요, 아니면 자신의 해석이었나요?

2. 문제를 해결하려고 하기 전에, 먼저 내 마음을 바라보며 숨을 고른 적은 언제였나요? 숨을 고른 뒤에 나의 선택이나 태도는 어떻게 달라졌나요?

3. '이건 내 탓이 아니야.'라고 하면서 마음을 닫아버린 경험이 있나요? 그 감정을 들여다 봤을 때, 나는 무엇을 지키거나 피하려 했던 걸까요?

4. 같은 일을 겪어도 나와 다르게 반응하거나 대응하는 사람을 마주했을 때, 내 마음에는 어떤 변화가 일어났나요?

5. 오늘 하루, 견해가 바뀌면서 같은 상황이 새롭게 보인 순간은 언제였나요? 견해의 전환이 일어나자, 나는 어떤 점에서 더 편안해지거나 자유로워졌나요?

2장. [부품 명칭과 구조] '나'라고 여겼던 몸과 마음

마음의 물결을 어루만지듯,

　　　　나를 흔든 작은 파동들을 살펴봅니다

1. 몸이 피곤하거나 아플 때, 그 상태가 자신의 기분까지 흔들어 놓은 적이 있었나요? 그렇다면 그때 어떤 감정이 가장 먼저 따라왔나요?

2. 떠오른 생각 때문에 마음이 불안해졌을 때, '이건 그냥 생각일 뿐'이라고 구분해 본 적이 있나요? 그렇게 구분하고 나니 마음은 어떻게 달라졌나요?

3. 마음이 언짢은 순간, 그 기분을 곧 '내 문제다.' 혹은 '상대방이 문제다.'라고 여기진 않았나요? 그렇게 단정했을 때 내 마음은 더 편안해졌나요, 아니면 더 무거워졌나요?

4. 최근 불편했던 순간, 몸·마음·생각 중 당신은 어디에 끌려갔나요? 그 끌림이 나의 하루를 어떻게 바꾸었는지 돌아봅시다.

5. 오늘 단 한 번이라도 '지금 느끼는 게 정말 나일까?' 하고 스스로에게 물어본 적이 있었다면 어떤 상황이었는지, 그 질문을 던진 순간 무엇이 달라졌는지 살펴봅시다.

3장. [작동 매뉴얼①] 마음은 기억과 견해의 순환

기억이 만든 '나'를 따르지 않고,

　　　　기억을 바라보는 '나'를 만납니다

1. 내 마음속 '기억의 주머니'에 담긴 사연을 알아차렸을 때, 나는 좀 더 자유로워졌나요, 아니면 마음이 더 무거워졌나요? 그렇게 느껴졌던 이유는 무엇인가요?

2. 이미 지나간 일을 억지로 끌어와 붙잡아 두었던 생각이나 감정이 있었다면, 그 생각이 어떻게 이어지고, 어떤 이야기로 번져갔나요?

3. 과거의 기억으로 상대를 단정했지만, 기억을 벗어 놓고 바라본다면 그 사람은 어떤 새로운 모습으로 다가올까요?

4. 오늘 내가 한 말이나 행동 중 자기 가치관이 분명하게 드러난 것이 있었다면, 그것은 오래전부터 지켜온 신념인가요, 아니면 최근에 새롭게 발견한 것인가요?

5. 오늘 하루 동안 생각과 감정이 일어나고 사라지는 것을 바라보는 '조용히 지켜보는 자리'를 의식해 본 적이 있나요? 의식하기 전과 후의 달라진 점은 무엇이었는지 떠올려 보세요.

4장. [작동 매뉴얼②] 생각은 흐르니 그냥 내버려두세요

생각은 잠깐 번쩍이는 불꽃일 뿐,

오래 머물지 않습니다

1. '생각하지 말아야지.' 하다가 오히려 그 생각이 더 짙어졌던 순간이 있었다면, 그 생각이 어떤 이야기로 이어졌나요?

2. 며칠 전에는 분명히 중요한 문제였는데, 오늘은 그 무게가 달라져 보이는 일이 있었나요? 상황과 시선 중 무엇이 바뀌었나요?

3. 한 가지 생각에만 몰두하다가 눈앞의 소중한 기회나 인연을 놓친 적이 있었나요? 그렇다면 그 생각이 사라진 뒤, 나는 무엇을 잃었고 또 무엇을 배웠나요?

~~~~~~~~~~~~~~~~~~~~~~~~~~~~~~~~~~~~~

4. 오늘 자신의 마음에 스친 수많은 생각 중 금세 사라져 버린 것들은 무엇이었나요? 사라진 것을 떠올렸을 때, 남겨둘 가치가 있는 생각은 얼마나 될까요?

~~~~~~~~~~~~~~~~~~~~~~~~~~~~~~~~~~~~~

5. 누군가의 말이 계속 떠올라서 마음이 괴로웠던 적이 있었나요? 그 말이 떠오를 때, 내 안에서 자동으로 따라붙은 생각은 무엇이었나요?

~~~~~~~~~~~~~~~~~~~~~~~~~~~~~~~~~~~~~

5장. [사용 시 주의 사항①] 의미 때문에 마음이 자꾸 다쳐요

내가 부여한 의미 하나가

　　　　　삶 전체의 색을 바꿔 놓습니다

1. 누군가의 말이나 행동을 '내 식대로' 해석한 적이 있다면, 그때 자신이 부여했던 의미는 어떤 내용인가요?

2. 하나의 선택을 할 때 다른 사람과 의견이 달랐던 경험이 있다면 각자 중요하게 여겼던 지점이나 가치관은 무엇이었나요?

3. 사소한 일인데도 자신이 붙인 의미 때문에 혼자 크게 상처받거나 힘들었던 적이 있었나요? 그때의 상처가 지금도 여전히 똑같은 강도로 유지되는지, 시간이 흐르면서 달라졌는지 살펴봅시다.

4. '이건 분명 나쁜 거야.'라고 단정했지만, 시간이 흐르면서 상황과 마음이 변했던 순간이 있었나요? 그 변화가 자신에게 무엇을 가르쳐 주었나요?

5. 나는 지금 어떤 의미를 더하며 삶을 풍요롭게 만들고 있나요? 또 어떤 의미를 덜어 내며 마음을 가볍게 하고 있나요?

6장. [사용 시 주의 사항②] 마음을 요동치게 만드는 '화'

불쑥 올라오는 불길처럼,

　　　　화는 순식간에 마음을 삼켜 버립니다

1. 오늘 하루 동안 불편함이 올라왔던 순간을 떠올렸을 때, 그때 나는 어떤 식으로 반응했나요? 상대방에게 표현을 했는지, 스스로 억압을 했는지 살펴봅시다.

2. 오늘 화를 냈던 순간이 있었다면, 그 화는 어떤 두려움이나 혹은 기대에서 비롯된 것이었나요? 그 뿌리를 살펴본 적이 있나요?

3. 짜증, 화, 슬픔 등 불편한 감정을 느끼는 순간 몸에서 어떤 반응이 느껴졌나요?

~~~~~~

4. 비슷한 상황만 닥치면 늘 같은 짜증이 올라오는 걸 경험한 적이 있나요? 그 순간마다 되풀이되는 내 마음의 모습, 그리고 상황은 어떤 패턴을 띄고 있나요?

~~~~~~

5. 나의 말투나 표정, 태도 때문에 상대방이 불편해 하는 걸 본 적이 있나요? 그 순간으로 돌아간다면 무엇을 다르게 할 수 있을까요?

~~~~~~

[부록] 내 마음 관찰 노트

7장. [고장 진단법] 문제는 밖이 아니라 내 안에 있었다

내 안을 비추는 순간,

꽉 묶여 있던 매듭이 풀리기 시작합니다

1. 오늘 있었던 일 중 내 선택이나 판단이 만들어 낸 결과는 무엇이었나요? 같은 장면에서 선택을 달리했다면 무엇이 달라졌을까요?

2. 요즘 반복해서 떠오르는 고민이 있나요? 고민의 시작은 언제부터였으며, 앞으로 달라질 만한 가능성은 어디서 찾을 수 있을까요?

3. 지금 자신을 괴롭히는 문제가 있다면, 그것을 반드시 풀어야만 하는지 아니면 그냥 흘려보내도 괜찮은 문제인지를 사유해 봅시다.

~~~~~~~~~~~~~~~~~~~~~~~~~~~~~~~~~~~~~~

4. 상대의 잘못을 바라보느라, 자기 안에서 되풀이되는 잘못된 습관이나 고집을 알아차리지 못하고 있지는 않나요? 그때 자신이 보지 못한 것은 무엇이었을까요?

~~~~~~~~~~~~~~~~~~~~~~~~~~~~~~~~~~~~~~

5. '아, 결국 문제는 내 안에 있었구나.' 하고 깨달았을 때, 마음은 어떻게 변했나요? 그 깨달음이 나를 조금 더 자유롭게 만든 적이 있었나요?

~~~~~~~~~~~~~~~~~~~~~~~~~~~~~~~~~~~~~~

8장. [고급 사용법] 사라지는 것을 붙잡지 않는 지혜

붙잡음과 내려놓음 사이에서

　　　　　당신은 어디에 머물고 있나요?

1. 오늘 하루 동안, 내 마음이 가장 오래 붙들고 있었던 대상이나 생각은 무엇인가요? 그것은 집착, 두려움, 어리석음 중 무엇에서 비롯되었나요?

2. 집착했던 것을 자연스럽게 내려놓은 일이 있다면, 그 과정에서 자신의 마음은 어떤 변화를 겪었나요?

3. 불편한 감정이 일어날 때, 그 감정을 '느끼는 나'와 그것을 '바라보고 있는 나'는 어떻게 다른가요?

4. 지금 마음속에 머물고 있는 생각이나 감정도 언젠가는 흘러갈 텐데, 그 사실을 떠올릴 때 내 마음은 어떤 변화를 보이나요?

5. 놓치기 싫은 마음과 사라짐을 인정하는 마음 사이에서 나는 지금 어느 쪽에 더 기울어 있나요? 그 선택이 오늘 하루를 어떻게 가볍게 혹은 무겁게 만들었나요?

9장. [복원 모드] 숨은 엔진, 당신의 모든 것을 지켜보는 '정신'

변하는 것들 속에서,

변하지 않는 자리를 발견할 때 마음은 비로소 쉬어갑니다

1. 판단을 내려놓고 '있는 그대로'를 바라본 경험이 있었다면, 그 이후 자신의 견해와 태도는 어떻게 달라졌나요?

2. 아무 생각도 없이 고요함 속에 머문 짧은 찰나는 내게 무엇을 알려주었나요? 그 순간이 지나고 나서, 나는 무엇을 새롭게 바라보게 되었나요?

3. 자신이 붙잡고 있던 기억이 지금의 '나'를 어떻게 만들고 있나요? 기억에 대한 해석이나 평가를 다른 시각으로 본다면 삶은 어떻게 달라질 수 있을까요?

4. 인생을 돌아볼 때, 나의 삶을 지탱해 준 견해와 나를 가로막는 견해는 무엇이었나요?

5. 이 책을 덮으며 앞으로의 삶에서 다시 점검하고 싶은 마음의 습관은 무엇인가요?

나도 내 마음을 모를 때,
불교심리학

ⓒ 보만, 2025

2025년 11월 14일 초판 1쇄 발행
2026년 1월 10일 초판 5쇄 발행

지은이 보만
발행인 박상근(至弘) • 편집인 류지호 • 편집이사 양동민
책임편집 이란희 • 편집 김재호, 양민호, 김소영, 최호승, 정유리, 이진우 • 디자인 쿠담디자인
제작 김명환 • 마케팅 김대현, 김대우, 이선호, 류지수 • 관리 윤정안
콘텐츠국 유권준, 김희준
펴낸 곳 불광출판사 (03169) 서울시 종로구 사직로10길 17 인왕빌딩 301호
　　　　대표전화 02) 420-3200 편집부 02) 420-3300 팩시밀리 02) 420-3400
　　　　출판등록 제300-2009-130호(1979. 10. 10.)

ISBN 979-11-7261-220-7 (03220)

값 19,000원

잘못된 책은 구입하신 서점에서 바꾸어 드립니다.
독자의 의견을 기다립니다. www.bulkwang.co.kr
불광출판사는 (주)불광미디어의 단행본 브랜드입니다.